Georg Büchner

Lenz

Der Hessische Landbote

Mit einem Nachwort
von Martin Greiner

Philipp Reclam jun. Stuttgart

Universal-Bibliothek Nr. 7955
Alle Rechte vorbehalten
© 1957 Philipp Reclam jun. GmbH & Co., Stuttgart
Gesamtherstellung: Reclam, Ditzingen. Printed in Germany 1990
RECLAM und UNIVERSAL-BIBLIOTHEK sind eingetragene
Warenzeichen der Philipp Reclam jun. GmbH & Co., Stuttgart
ISBN 3-15-007955-1

Lenz

Den 20. Jänner ging Lenz durchs Gebirg. Die Gipfel
und hohen Bergflächen im Schnee, die Täler hinunter
graues Gestein, grüne Flächen, Felsen und Tannen.
Es war naßkalt; das Wasser rieselte die Felsen hinunter und sprang über den Weg. Die Äste der Tannen
hingen schwer herab in die feuchte Luft. Am Himmel
zogen graue Wolken, aber alles so dicht – und dann
dampfte der Nebel herauf und strich schwer und
feucht durch das Gesträuch, so träg, so plump.
Er ging gleichgültig weiter, es lag ihm nichts am Weg,
bald auf-, bald abwärts. Müdigkeit spürte er keine,
nur war es ihm manchmal unangenehm, daß er nicht
auf dem Kopf gehn konnte.
Anfangs drängte es ihm in der Brust, wenn das Gestein
so wegsprang, der graue Wald sich unter ihm schüttelte und der Nebel die Formen bald verschlang, bald
die gewaltigen Glieder halb enthüllte; es drängte in
ihm, er suchte nach etwas, wie nach verlornen Träumen, aber er fand nichts. Es war ihm alles so klein, so
nahe, so naß; er hätte die Erde hinter den Ofen setzen
mögen. Er begriff nicht, daß er so viel Zeit brauchte,
um einen Abhang hinunter zu klimmen, einen fernen
Punkt zu erreichen; er meinte, er müsse alles mit ein
paar Schritten ausmessen können. Nur manchmal,
wenn der Sturm das Gewölk in die Täler warf und es
den Wald herauf dampfte, und die Stimmen an den
Felsen wach wurden, bald wie fern verhallende Donner und dann gewaltig heranbrausten, in Tönen, als
wollten sie in ihrem wilden Jubel die Erde besingen,

und die Wolken wie wilde, wiehernde Rosse heran-
sprengten, und der Sonnenschein dazwischen durch-
ging und kam und sein blitzendes Schwert an den
Schneeflächen zog, so daß ein helles, blendendes Licht
über die Gipfel in die Täler schnitt; oder wenn der
Sturm das Gewölk abwärts trieb und einen lichtblauen
See hineinriß und dann der Wind verhallte und tief
unten aus den Schluchten, aus den Wipfeln der Tannen wie ein Wiegenlied und Glockengeläute herauf-
summte, und am tiefen Blau ein leises Rot hinauf-
klomm und kleine Wölkchen auf silbernen Flügeln
durchzogen, und alle Berggipfel, scharf und fest, weit
über das Land hin glänzten und blitzten – riß es ihm
in der Brust, er stand, keuchend, den Leib vorwärts
gebogen, Augen und Mund weit offen, er meinte, er
müsse den Sturm in sich ziehen, alles in sich fassen, er
dehnte sich aus und lag über der Erde, er wühlte sich
in das All hinein, es war eine Lust, die ihm wehe tat;
oder er stand still und legte das Haupt ins Moos und
schloß die Augen halb, und dann zog es weit von ihm,
die Erde wich unter ihm, sie wurde klein wie ein wan-
delnder Stern und tauchte sich in einen brausenden
Strom, der seine klare Flut unter ihm zog. Aber es
waren nur Augenblicke; und dann erhob er sich nüchtern, fest, ruhig, als wäre ein Schattenspiel vor ihm
vorübergezogen – er wußte von nichts mehr.
Gegen Abend kam er auf die Höhe des Gebirgs, auf
das Schneefeld, von wo man wieder hinabstieg in die
Ebene nach Westen. Er setzte sich oben nieder. Es war
gegen Abend ruhiger geworden; das Gewölk lag fest
und unbeweglich am Himmel; soweit der Blick reichte, nichts als Gipfel, von denen sich breite Flächen hin-
abzogen, und alles so still, grau, dämmernd. Es wurde

ihm entsetzlich einsam; er war allein, ganz allein. Er wollte mit sich sprechen, aber er konnte nicht, er wagte kaum zu atmen; das Biegen seines Fußes tönte wie Donner unter ihm, er mußte sich niedersetzen. Es faßte ihn eine namenlose Angst in diesem Nichts: er war im Leeren! Er riß sich auf und flog den Abhang hinunter.

Es war finster geworden, Himmel und Erde verschmolzen in eins. Es war, als ginge ihm was nach und als müsse ihn was Entsetzliches erreichen, etwas, das Menschen nicht ertragen können, als jage der Wahnsinn auf Rossen hinter ihm.

Endlich hörte er Stimmen; er sah Lichter, es wurde ihm leichter. Man sagte ihm, er hätte noch eine halbe Stunde nach Waldbach.

Er ging durch das Dorf. Die Lichter schienen durch die Fenster, er sah hinein im Vorbeigehen: Kinder am Tische, alte Weiber, Mädchen, alles ruhige, stille Gesichter. Es war ihm, als müsse das Licht von ihnen ausstrahlen; es ward ihm leicht, er war bald in Waldbach im Pfarrhause.

Man saß am Tische, er hinein; die blonden Locken hingen ihm um das bleiche Gesicht, es zuckte ihm in den Augen und um den Mund, seine Kleider waren zerrissen.

Oberlin hieß ihn willkommen, er hielt ihn für einen Handwerker: »Sein Sie mir willkommen, obschon Sie mir unbekannt.« – »Ich bin ein Freund von Kaufmann und bringe Ihnen Grüße von ihm.« – »Der Name, wenn's beliebt?« – »Lenz.« – »Ha, ha, ha, ist er nicht gedruckt? Habe ich nicht einige Dramen gelesen, die einem Herrn dieses Namens zugeschrieben werden?« – »Ja, aber belieben Sie, mich nicht darnach zu beurteilen.«

Man sprach weiter, er suchte nach Worten und erzählte rasch, aber auf der Folter; nach und nach wurde er ruhig – das heimliche Zimmer und die stillen Gesichter, die aus dem Schatten hervortraten: das helle Kindergesicht, auf dem alles Licht zu ruhen schien und das neugierig, vertraulich aufschaute, bis zur Mutter, die hinten im Schatten engelgleich stille saß. Er fing an zu erzählen, von seiner Heimat; er zeichnete allerhand Trachten, man drängte sich teilnehmend um ihn, er war gleich zu Haus. Sein blasses Kindergesicht, das jetzt lächelte, sein lebendiges Erzählen! Er wurde ruhig; es war ihm, als träten alte Gestalten, vergessene Gesichter wieder aus dem Dunkeln, alte Lieder wachten auf, er war weg, weit weg.

Endlich war es Zeit zum Gehen. Man führte ihn über die Straße: das Pfarrhaus war zu eng, man gab ihm ein Zimmer im Schulhause. Er ging hinauf. Es war kalt oben, eine weite Stube, leer, ein hohes Bett im Hintergrund. Er stellte das Licht auf den Tisch und ging auf und ab. Er besann sich wieder auf den Tag, wie er hergekommen, wo er war. Das Zimmer im Pfarrhause mit seinen Lichtern und lieben Gesichtern, es war ihm wie ein Schatten, ein Traum, und es wurde ihm leer, wieder wie auf dem Berg; aber er konnte es mit nichts mehr ausfüllen, das Licht war erloschen, die Finsternis verschlang alles. Eine unnennbare Angst erfaßte ihn. Er sprang auf, er lief durchs Zimmer, die Treppe hinunter, vors Haus; aber umsonst, alles finster, nichts – er war sich selbst ein Traum. Einzelne Gedanken huschten auf, er hielt sie fest; es war ihm, als müsse er immer »Vater unser« sagen. Er konnte sich nicht mehr finden; ein dunkler Instinkt trieb ihn, sich zu retten. Er stieß an die Steine, er riß sich mit den Nägeln; der Schmerz fing an, ihm das Bewußtsein wiederzugeben. Er stürzte sich in den Brunnenstein, aber das Wasser war nicht tief, er patschte darin.

Da kamen Leute; man hatte es gehört, man rief ihm zu. Oberlin kam gelaufen. Lenz war wieder zu sich gekommen, das ganze Bewußtsein seiner Lage stand vor ihm, es war ihm wieder leicht. Jetzt schämte er sich und war betrübt, daß er den guten Leuten Angst gemacht; er sagte ihnen, daß er gewohnt sei, kalt zu baden, und ging wieder hinauf; die Erschöpfung ließ ihn endlich ruhen.

Den andern Tag ging es gut. Mit Oberlin zu Pferde durch das Tal: breite Bergflächen, die aus großer Höhe sich in ein schmales, gewundnes Tal zusammenzogen, das in mannigfachen Richtungen sich hoch an den Bergen hinaufzog; große Felsenmassen, die sich nach unten ausbreiteten; wenig Wald, aber alles im grauen, ernsten Anflug; eine Aussicht nach Westen in das Land hinein und auf die Bergkette, die sich grad hinunter nach Süden und Norden zog und deren Gipfel gewaltig, ernsthaft oder schweigend still, wie ein dämmernder Traum, standen. Gewaltige Lichtmassen, die manchmal aus den Tälern, wie ein goldner Strom, schwollen, dann wieder Gewölk, das an dem höchsten Gipfel lag und dann langsam den Wald herab in das Tal klomm oder in den Sonnenblitzen sich wie ein fliegendes, silbernes Gespenst herabsenkte und hob; kein Lärm, keine Bewegung, kein Vogel, nichts als das bald nahe, bald ferne Wehn des Windes. Auch erschienen Punkte, Gerippe von Hütten, Bretter mit Stroh gedeckt, von schwarzer, ernster Farbe. Die Leute, schweigend und ernst, als wagten sie die Ruhe ihres

Tales nicht zu stören, grüßten ruhig, wie sie vorbei-
ritten.

In den Hütten war es lebendig: man drängte sich um
Oberlin, er wies zurecht, gab Rat, tröstete; überall zu-
trauensvolle Blicke, Gebet. Die Leute erzählten Träume, Ahnungen. Dann rasch ins praktische Leben: Wege angelegt, Kanäle gegraben, die Schule besucht.

Oberlin war unermüdlich, Lenz fortwährend sein Begleiter, bald in Gespräch, bald tätig am Geschäft, bald
in die Natur versunken. Es wirkte alles wohltätig und
beruhigend auf ihn. Er mußte Oberlin oft in die Augen sehen, und die mächtige Ruhe, die uns über der
ruhenden Natur, im tiefen Wald, in mondhellen,
schmelzenden Sommernächten überfällt, schien ihm
noch näher in diesem ruhigen Auge, diesem ehrwürdi-
gen ernsten Gesicht. Er war schüchtern; aber er machte Bemerkungen, er sprach. Oberlin war sein Gespräch
sehr angenehm, und das anmutige Kindergesicht Lenzens machte ihm große Freude.

Aber nur solange das Licht im Tale lag, war es ihm
erträglich; gegen Abend befiel ihn eine sonderbare
Angst, er hätte der Sonne nachlaufen mögen. Wie die
Gegenstände nach und nach schattiger wurden, kam
ihm alles so traumartig, so zuwider vor: es kam ihm
die Angst an wie Kindern, die im Dunkeln schlafen;
es war ihm, als sei er blind. Jetzt wuchs sie, der Alp
des Wahnsinns setzte sich zu seinen Füßen: der ret-
tungslose Gedanke, als sei alles nur sein Traum, öffnete sich vor ihm; er klammerte sich an alle Gegenstände. Gestalten zogen rasch an ihm vorbei, er drängte sich an sie; es waren Schatten, das Leben wich aus
ihm, und seine Glieder waren ganz starr. Er sprach, er
sang, er rezitierte Stellen aus Shakespeare, er griff

nach allem, was sein Blut sonst hatte rascher fließen machen, er versuchte alles, aber – kalt, kalt! Er mußte dann hinaus ins Freie. Das wenige, durch die Nacht zerstreute Licht, wenn seine Augen an die Dunkelheit gewöhnt waren, machte ihm besser; er stürzte sich in den Brunnen, die grelle Wirkung des Wassers machte ihm besser; auch hatte er eine geheime Hoffnung auf eine Krankheit – er verrichtete sein Baden jetzt mit weniger Geräusch.

Doch je mehr er sich in das Leben hineinlebte, ward er ruhiger. Er unterstützte Oberlin, zeichnete, las die Bibel; alte, vergangne Hoffnungen gingen in ihm auf; das Neue Testament trat ihm hier so entgegen ... Wie Oberlin ihm erzählte, wie ihn eine unsichtbare Hand auf der Brücke gehalten hätte, wie auf der Höhe ein Glanz seine Augen geblendet hätte, wie er eine Stimme gehört hätte, wie es in der Nacht mit ihm gesprochen, und wie Gott so ganz bei ihm eingekehrt, daß er kindlich seine Lose aus der Tasche holte, um zu wissen, was er tun sollte: dieser Glaube, dieser ewige Himmel im Leben, dieses Sein in Gott – jetzt erst ging ihm die Heilige Schrift auf. Wie den Leuten die Natur so nah trat, alles in himmlischen Mysterien; aber nicht gewaltsam majestätisch, sondern noch vertraut.

Eines Morgens ging er hinaus. Die Nacht war Schnee gefallen; im Tal lag heller Sonnenschein, aber weiterhin die Landschaft halb im Nebel. Er kam bald vom Weg ab und eine sanfte Höhe hinauf, keine Spur von Fußtritten mehr, neben einem Tannenwald hin; die Sonne schnitt Kristalle, der Schnee war leicht und flockig, hie und da Spur von Wild leicht auf dem Schnee, die sich ins Gebirg hinzog. Keine Regung in der Luft als ein leises Wehen, als das Rauschen eines

Vogels, der die Flocken leicht vom Schwanze stäubte. Alles so still, und die Bäume weithin mit schwankenden weißen Federn in der tiefblauen Luft. Es wurde ihm heimlich nach und nach. Die einförmigen, gewaltigen Flächen und Linien, vor denen es ihm manchmal war, als ob sie ihn mit gewaltigen Tönen anredeten, waren verhüllt; ein heimliches Weihnachtsgefühl beschlich ihn: er meinte manchmal, seine Mutter müsse hinter einem Baume hervortreten, groß, und ihm sagen, sie hätte ihm dies alles beschert. Wie er hinunterging, sah er, daß um seinen Schatten sich ein Regenbogen von Strahlen legte; es wurde ihm, als hätte ihn was an der Stirn berührt, das Wesen sprach ihn an.

Er kam hinunter. Oberlin war im Zimmer; Lenz kam heiter auf ihn zu und sagte ihm, er möge wohl einmal predigen. – »Sind Sie Theologe?« – »Ja!« – »Gut, nächsten Sonntag.«

Lenz ging vergnügt auf sein Zimmer. Er dachte auf einen Text zum Predigen und verfiel in Sinnen, und seine Nächte wurden ruhig. Der Sonntagmorgen kam, es war Tauwetter eingefallen. Vorüberstreifende Wolken, Blau dazwischen. Die Kirche lag neben am Berg hinauf, auf einem Vorsprung; der Kirchhof drumherum. Lenz stand oben, wie die Glocke läutete und die Kirchengänger, die Weiber und Mädchen in ihrer ernsten schwarzen Tracht, das weiße gefaltete Schnupftuch auf dem Gesangbuch und den Rosmarinzweig, von den verschiedenen Seiten die schmalen Pfade zwischen den Felsen herauf- und herabkamen. Ein Sonnenblick lag manchmal über dem Tal, die laue Luft regte sich langsam, die Landschaft schwamm im Duft, fernes Geläute – es war, als löste sich alles in eine harmonische Welle auf.

Auf dem kleinen Kirchhof war der Schnee weg, dunkles Moos unter den schwarzen Kreuzen; ein verspäteter Rosenstrauch lehnte an der Kirchhofmauer, verspätete Blumen dazu unter dem Moos hervor; manchmal Sonne, dann wieder dunkel. Die Kirche fing an, die Menschenstimmen begegneten sich im reinen hellen Klang; ein Eindruck, als schaue man in reines, durchsichtiges Bergwasser. Der Gesang verhallte – Lenz sprach. Er war schüchtern; unter den Tönen hatte sein Starrkrampf sich ganz gelegt, sein ganzer Schmerz wachte jetzt auf und legte sich in sein Herz. Ein süßes Gefühl unendlichen Wohls beschlich ihn. Er sprach einfach mit den Leuten; sie litten alle mit ihm, und es war ihm ein Trost, wenn er über einige müdgeweinte Augen Schlaf und gequälten Herzen Ruhe bringen, wenn er über dieses von materiellen Bedürfnissen gequälte Sein, diese dumpfen Leiden gen Himmel leiten konnte. Er war fester geworden, wie er schloß – da fingen die Stimmen wieder an:

> Laß in mir die heilgen Schmerzen,
> Tiefe Bronnen ganz aufbrechen;
> Leiden sei all mein Gewinst,
> Leiden sei mein Gottesdienst.

Das Drängen in ihm, die Musik, der Schmerz, erschütterte ihn. Das All war für ihn in Wunden; er fühlte tiefen, unnennbaren Schmerz davon. Jetzt ein anderes Sein: göttliche, zuckende Lippen bückten sich über ihm nieder und sogen sich an seine Lippen; er ging auf sein einsames Zimmer. Er war allein, allein! Da rauschte die Quelle, Ströme brachen aus seinen Augen, er krümmte sich in sich, es zuckten seine Glieder, es war ihm, als müsse er sich auflösen, er konnte kein

Ende finden der Wollust. Endlich dämmerte es in ihm: er empfand ein leises tiefes Mitleid mit sich selbst, er weinte über sich; sein Haupt sank auf die Brust, er schlief ein. Der Vollmond stand am Himmel; die Locken fielen ihm über die Schläfe und das Gesicht, die Tränen hingen ihm an den Wimpern und trockneten auf den Wangen – so lag er nun da allein, und alles war ruhig und still und kalt, und der Mond schien die ganze Nacht und stand über den Bergen.

Am folgenden Morgen kam er herunter, er erzählte Oberlin ganz ruhig, wie ihm die Nacht seine Mutter erschienen sei: sie sei in einem weißen Kleid aus der dunkeln Kirchhofmauer hervorgetreten und habe eine weiße und eine rote Rose an der Brust stecken gehabt; sie sei dann in eine Ecke gesunken, und die Rosen seien langsam über sie gewachsen, sie sei gewiß tot; er sei ganz ruhig darüber. Oberlin versetzte ihm nun, wie er bei dem Tod seines Vaters allein auf dem Felde gewesen sei und er dann eine Stimme gehört habe, so daß er wußte, daß sein Vater tot sei; und wie er heimgekommen, sei es so gewesen. Das führte sie weiter: Oberlin sprach noch von den Leuten im Gebirge, von Mädchen, die das Wasser und Metall unter der Erde fühlten, von Männern, die auf manchen Berghöhen angefaßt würden und mit einem Geiste rängen; er sagte ihm auch, wie er einmal im Gebirg durch das Schauen in ein leeres tiefes Bergwasser in eine Art von Somnambulismus versetzt worden sei. Lenz sagte, daß der Geist des Wassers über ihn gekommen sei, daß er dann etwas von seinem eigentümlichen Sein empfunden hätte. Er fuhr weiter fort: Die einfachste, reinste Natur hinge am nächsten mit der elementarischen zusammen; je feiner der Mensch geistig fühlt und lebt, um so abgestumpfter würde dieser elementarische Sinn; er halte ihn nicht für einen hohen Zustand, er sei nicht selbständig genug, aber er meine, es müsse ein unendliches Wonnegefühl sein, so von dem eigentümlichen Leben jeder Form berührt zu werden, für Gesteine, Metalle, Wasser und Pflanzen eine Seele zu haben, so traumartig jedes Wesen in der Natur in sich aufzunehmen, wie die Blumen mit dem Zu- und Abnehmen des Mondes die Luft.

Er sprach sich selbst weiter aus: wie in allem eine unaussprechliche Harmonie, ein Ton, eine Seligkeit sei, die in den höhern Formen mit mehr Organen aus sich herausgriffe, tönte, auffaßte und dafür aber auch um so tiefer affiziert würde; wie in den niedrigen Formen alles zurückgedrängter, beschränkter, dafür aber auch die Ruhe in sich größer sei. Er verfolgte das noch weiter. Oberlin brach es ab, es führte ihn zu weit von seiner einfachen Art ab. Ein ander Mal zeigte ihm Oberlin Farbentäfelchen, er setzte ihm auseinander, in welcher Beziehung jede Farbe mit dem Menschen stände; er brachte zwölf Apostel heraus, deren jeder durch eine Farbe repräsentiert würde. Lenz faßte das auf, er spann die Sache weiter, kam in ängstliche Träume und fing an, wie Stilling, die Apokalypse zu lesen, und las viel in der Bibel.

Um diese Zeit kam Kaufmann mit seiner Braut ins Steintal. Lenzen war anfangs das Zusammentreffen unangenehm; er hatte sich so ein Plätzchen zurechtgemacht, das bißchen Ruhe war ihm so kostbar – und jetzt kam ihm jemand entgegen, der ihn an so vieles erinnerte, mit dem er sprechen, reden mußte, der seine Verhältnisse kannte. Oberlin wußte von allem nichts; er hatte ihn aufgenommen, gepflegt; er sah es als eine

Schickung Gottes, der den Unglücklichen ihm zugesandt hätte, er liebte ihn herzlich. Auch war es allen notwendig, daß er da war; er gehörte zu ihnen, als wäre er schon längst da, und niemand frug, woher er gekommen und wohin er gehen werde.

Über Tisch war Lenz wieder in guter Stimmung: man sprach von Literatur, er war auf seinem Gebiete. Die idealistische Periode fing damals an; Kaufmann war ein Anhänger davon, Lenz widersprach heftig. Er sagte: Die Dichter, von denen man sage, sie geben die Wirklichkeit, hätten auch keine Ahnung davon; doch seien sie immer noch erträglicher als die, welche die Wirklichkeit verklären wollten. Er sagte: Der liebe Gott hat die Welt wohl gemacht, wie sie sein soll, und wir können wohl nicht was Besseres klecksen; unser einziges Bestreben soll sein, ihm ein wenig nachzuschaffen. Ich verlange in allem – Leben, Möglichkeit des Daseins, und dann ist's gut; wir haben dann nicht zu fragen, ob es schön, ob es häßlich ist. Das Gefühl, daß, was geschaffen sei, Leben habe, stehe über diesen beiden und sei das einzige Kriterium in Kunstsachen. Übrigens begegne es uns nur selten: in Shakespeare finden wir es, und in den Volksliedern tönt es einem ganz, in Goethe manchmal entgegen; alles übrige kann man ins Feuer werfen. Die Leute können auch keinen Hundsstall zeichnen. Da wollte man idealistische Gestalten, aber alles, was ich davon gesehen, sind Holzpuppen. Dieser Idealismus ist die schmählichste Verachtung der menschlichen Natur. Man versuche es einmal und senke sich in das Leben des Geringsten und gebe es wieder in den Zuckungen, den Andeutungen, dem ganzen feinen, kaum bemerkten Mienenspiel; er hätte dergleichen versucht im »Hofmeister« und den »Soldaten«. Es sind die prosaischsten Menschen unter der Sonne; aber die Gefühlsader ist in fast allen Menschen gleich, nur ist die Hülle mehr oder weniger dicht, durch die sie brechen muß. Man muß nur Aug und Ohren dafür haben. Wie ich gestern neben am Tal hinaufging, sah ich auf einem Steine zwei Mädchen sitzen: die eine band ihr Haar auf, die andre half ihr; und das goldne Haar hing herab, und ein ernstes bleiches Gesicht, und doch so jung, und die schwarze Tracht, und die andre so sorgsam bemüht. Die schönsten, innigsten Bilder der altdeutschen Schule geben kaum eine Ahnung davon. Man möchte manchmal ein Medusenhaupt sein, um so eine Gruppe in Stein verwandeln zu können, und den Leuten zurufen. Sie standen auf, die schöne Gruppe war zerstört; aber wie sie so hinabstiegen, zwischen den Felsen, war es wieder ein anderes Bild.

Die schönsten Bilder, die schwellendsten Töne gruppieren, lösen sich auf. Nur eins bleibt: eine unendliche Schönheit, die aus einer Form in die andre tritt, ewig aufgeblättert, verändert. Man kann sie aber freilich nicht immer festhalten und in Museen stellen und auf Noten ziehen, und dann alt und jung herbeirufen und die Buben und Alten darüber radotieren und sich entzücken lassen. Man muß die Menschheit lieben, um in das eigentümliche Wesen jedes einzudringen; es darf einem keiner zu gering, keiner zu häßlich sein, erst dann kann man sie verstehen; das unbedeutendste Gesicht macht einen tiefern Eindruck als die bloße Empfindung des Schönen, und man kann die Gestalten aus sich heraustreten lassen, ohne etwas vom Äußern hinein zu kopieren, wo einem kein Leben, keine Muskeln, kein Puls entgegenschwillt und pocht.

Kaufmann warf ihm vor, daß er in der Wirklichkeit doch keine Typen für einen Apoll von Belvedere oder eine Raffaelische Madonna finden würde. Was liegt daran, versetzte er; ich muß gestehen, ich fühle mich dabei sehr tot. Wenn ich in mir arbeite, kann ich auch wohl was dabei fühlen, aber ich tue das Beste daran. Der Dichter und Bildende ist mir der liebste, der mir die Natur am wirklichsten gibt, so daß ich über seinem Gebild fühle; alles übrige stört mich. Die holländischen Maler sind mir lieber als die italienischen, sie sind auch die einzigen faßlichen. Ich kenne nur zwei Bilder, und zwar von Niederländern, die mir einen Eindruck gemacht hätten wie das Neue Testament: das eine ist, ich weiß nicht von wem, Christus und die Jünger von Emmaus. Wenn man so liest, wie die Jünger hinausgingen, es liegt gleich die ganze Natur in den paar Worten. Es ist ein trüber, dämmernder Abend, ein einförmiger roter Streifen am Horizont, halbfinster auf der Straße; da kommt ein Unbekannter zu ihnen, sie sprechen, er bricht das Brot; da erkennen sie ihn, in einfach-menschlicher Art, und die göttlich-leidenden Züge reden ihnen deutlich, und sie erschrecken, denn es ist finster geworden, und es tritt sie etwas Unbegreifliches an; aber es ist kein gespenstisches Grauen, es ist, wie wenn einem ein geliebter Toter in der Dämmerung in der alten Art entgegenträte: so ist das Bild mit dem einförmigen, bräunlichen Ton darüber, dem trüben stillen Abend. Dann ein anderes: Eine Frau sitzt in ihrer Kammer, das Gebetbuch in der Hand. Es ist sonntäglich aufgeputzt, der Sand gestreut, so heimlich rein und warm. Die Frau hat nicht zur Kirche gekonnt, und sie verrichtet die Andacht zu Haus; das Fenster ist offen, sie sitzt darnach hingewandt, und es ist, als schwebten zu dem Fenster über die weite ebne Landschaft die Glockentöne von dem Dorfe herein und verhallet der Sang der nahen Gemeinde aus der Kirche her, und die Frau liest den Text nach.

In der Art sprach er weiter; man horchte auf, es traf vieles. Er war rot geworden über dem Reden, und bald lächelnd, bald ernst schüttelte er die blonden Locken. Er hatte sich ganz vergessen.

Nach dem Essen nahm ihn Kaufmann beiseite. Er hatte Briefe von Lenzens Vater erhalten, sein Sohn sollte zurück, ihn unterstützen. Kaufmann sagte ihm, wie er sein Leben hier verschleudre, unnütz verliere, er solle sich ein Ziel stecken, und dergleichen mehr. Lenz fuhr ihn an: »Hier weg, weg? nach Haus? Toll werden dort? Du weißt, ich kann es nirgends aushalten als da herum, in der Gegend. Wenn ich nicht manchmal auf einen Berg könnte und die Gegend sehen könnte, und dann wieder herunter ins Haus, durch den Garten gehn und zum Fenster hineinsehn – ich würde toll! toll! Laßt mich doch in Ruhe! Nur ein bißchen Ruhe jetzt, wo es mir ein wenig wohl wird! Weg, weg? Ich verstehe das nicht, mit den zwei Worten ist die Welt verhunzt. Jeder hat was nötig; wenn er ruhen kann, was könnt er mehr haben! Immer steigen, ringen und so in Ewigkeit alles, was der Augenblick gibt, wegwerfen und immer darben, um einmal zu genießen! Dürsten, während einem helle Quellen über den Weg springen! Es ist mir jetzt erträglich, und da will ich bleiben. Warum? warum? Eben weil es mir wohl ist. Was will mein Vater? Kann er mehr geben? Unmöglich! Laßt mich in Ruhe!« – Er wurde heftig; Kaufmann ging, Lenz war verstimmt.

Am folgenden Tag wollte Kaufmann weg. Er beredete Oberlin, mit ihm in die Schweiz zu gehen. Der Wunsch, Lavater, den er längst durch Briefe kannte, auch persönlich kennenzulernen, bestimmte ihn. Er sagte es zu. Man mußte einen Tag länger wegen der Zurüstungen warten. Lenz fiel das aufs Herz. Er hatte, um seiner unendlichen Qual los zu werden, sich ängstlich an alles geklammert; er fühlte in einzelnen Augenblicken tief, wie er sich alles nur zurechtmache; er ging mit sich um wie mit einem kranken Kinde. Manche Gedanken, mächtige Gefühle wurde er nur mit der größten Angst los; da trieb es ihn wieder mit unendlicher Gewalt darauf, er zitterte, das Haar sträubte ihm fast, bis er es in der ungeheuersten Anspannung erschöpfte. Er rettete sich in eine Gestalt, die ihm immer vor Augen schwebte, und in Oberlin; seine Worte, sein Gesicht taten ihm unendlich wohl. So sah er mit Angst seiner Abreise entgegen.

Es war Lenzen unheimlich, jetzt allein im Hause zu bleiben. Das Wetter war milde geworden: er beschloß, Oberlin zu begleiten, ins Gebirg. Auf der andern Seite, wo die Täler sich in die Ebne ausliefen, trennten sie sich. Er ging allein zurück. Er durchstrich das Gebirg in verschiedenen Richtungen. Breite Flächen zogen sich in die Täler herab, wenig Wald, nichts als gewaltige Linien und weiter hinaus die weite, rauchende Ebne; in der Luft ein gewaltiges Wehen, nirgends eine Spur von Menschen, als hie und da eine verlassene Hütte, wo die Hirten den Sommer zubrachten, an den Abhängen gelehnt. Er wurde still, vielleicht fast träumend: es verschmolz ihm alles in eine Linie, wie eine steigende und sinkende Welle, zwischen Himmel und Erde; es war ihm, als läge er an einem unendlichen

Meer, das leise auf und ab wogte. Manchmal saß er; dann ging er wieder, aber langsam träumend. Er suchte keinen Weg.

Es war finstrer Abend, als er an eine bewohnte Hütte kam, im Abhang nach dem Steintal. Die Türe war verschlossen; er ging ans Fenster, durch das ein Lichtschimmer fiel. Eine Lampe erhellte fast nur einen Punkt: ihr Licht fiel auf das bleiche Gesicht eines Mädchens, das mit halb geöffneten Augen, leise die Lippen bewegend, dahinter ruhte. Weiter weg im Dunkel saß ein altes Weib, das mit schnarrender Stimme aus einem Gesangbuch sang. Nach langem Klopfen öffnete sie; sie war halb taub. Sie trug Lenz einiges Essen auf und wies ihm eine Schlafstelle an, wobei sie beständig ihr Lied fortsang. Das Mädchen hatte sich nicht gerührt. Einige Zeit darauf kam ein Mann herein; er war lang und hager, Spuren von grauen Haaren, mit unruhigem, verwirrtem Gesicht. Er trat zum Mädchen, sie zuckte auf und wurde unruhig. Er nahm ein getrocknetes Kraut von der Wand und legte ihr die Blätter auf die Hand, so daß sie ruhiger wurde und verständliche Worte in langsam ziehenden, durchschneidenden Tönen summte. Er erzählte, wie er eine Stimme im Gebirge gehört und dann über den Tälern ein Wetterleuchten gesehen habe; auch habe es ihn angefaßt, und er habe damit gerungen wie Jakob. Er warf sich nieder und betete leise mit Inbrunst, während die Kranke in einem langsam ziehenden, leise verhallenden Ton sang. Dann gab er sich zur Ruhe.

Lenz schlummerte träumend ein, und dann hörte er im Schlaf, wie die Uhr pickte. Durch das leise Singen des Mädchens und die Stimme der Alten zugleich tönte das Sausen des Windes, bald näher, bald ferner, und der bald helle, bald verhüllte Mond warf sein wechselndes Licht traumartig in die Stube. Einmal wurden die Töne lauter, das Mädchen redete deutlich und bestimmt: sie sagte, wie auf der Klippe gegenüber eine Kirche stehe. Lenz sah auf, und sie saß mit weitgeöffneten Augen aufrecht hinter dem Tisch, und der Mond warf sein stilles Licht auf ihre Züge, von denen ein unheimlicher Glanz zu strahlen schien; zugleich schnarrte die Alte, und über diesem Wechseln und Sinken des Lichts, den Tönen und Stimmen schlief endlich Lenz tief ein.

Er erwachte früh. In der dämmernden Stube schlief alles, auch das Mädchen war ruhig geworden. Sie lag zurückgelehnt, die Hände gefaltet unter der linken Wange; das Geisterhafte aus ihren Zügen war verschwunden, sie hatte jetzt einen Ausdruck unbeschreiblichen Leidens. Er trat ans Fenster und öffnete es, die kalte Morgenluft schlug ihm entgegen. Das Haus lag am Ende eines schmalen, tiefen Tales, das sich nach Osten öffnete; rote Strahlen schossen durch den grauen Morgenhimmel in das dämmernde Tal, das im weißen Rauch lag, und funkelten am grauen Gestein und trafen in die Fenster der Hütten. Der Mann erwachte. Seine Augen trafen auf ein erleuchtet Bild an der Wand, sie richteten sich fest und starr darauf; nun fing er an, die Lippen zu bewegen, und betete leise, dann laut und immer lauter. Indem kamen Leute zur Hütte herein, sie warfen sich schweigend nieder. Das Mädchen lag in Zuckungen, die Alte schnarrte ihr Lied und plauderte mit den Nachbarn.

Die Leute erzählten Lenzen, der Mann sei vor langer Zeit in die Gegend gekommen, man wisse nicht woher;

er stehe im Ruf eines Heiligen, er sehe das Wasser unter der Erde und könne Geister beschwören, und man wallfahre zu ihm. Lenz erfuhr zugleich, daß er weiter vom Steintal abgekommen; er ging weg mit einigen Holzhauern, die in die Gegend gingen. Es tat ihm wohl, Gesellschaft zu finden; es war ihm jetzt unheimlich mit dem gewaltigen Menschen, von dem es ihm manchmal war, als rede er in entsetzlichen Tönen. Auch fürchtete er sich vor sich selbst in der Einsamkeit.

Er kam heim. Doch hatte die verflossene Nacht einen gewaltigen Eindruck auf ihn gemacht. Die Welt war ihm helle gewesen, und er spürte an sich ein Regen und Wimmeln nach einem Abgrund, zu dem ihn eine unerbittliche Gewalt hinriß. Er wühlte jetzt in sich. Er aß wenig; halbe Nächte im Gebet und fieberhaften Träumen. Ein gewaltsames Drängen, und dann erschöpft zurückgeschlagen; er lag in den heißesten Tränen. Und dann bekam er plötzlich eine Stärke und erhob sich kalt und gleichgültig; seine Tränen waren ihm dann wie Eis, er mußte lachen. Je höher er sich aufriß, desto tiefer stürzte er hinunter. Alles strömte wieder zusammen. Ahnungen von seinem alten Zustande durchzuckten ihn und warfen Streiflichter in das wüste Chaos seines Geistes.

Des Tags saß er gewöhnlich unten im Zimmer. Madame Oberlin ging ab und zu; er zeichnete, malte, las, griff nach jeder Zerstreuung, alles hastig von einem zum andern. Doch schloß er sich jetzt besonders an Madame Oberlin an, wenn sie so dasaß, das schwarze Gesangbuch vor sich, neben eine Pflanze, im Zimmer gezogen, das jüngste Kind zwischen den Knieen; auch machte er sich viel mit dem Kinde zu tun. So saß er einmal, da wurde ihm ängstlich, er sprang auf, ging auf und ab. Die Tür halb offen – da hörte er die Magd singen, erst unverständlich, dann kamen die Worte:

> Auf dieser Welt hab ich kein Freud,
> Ich hab mein Schatz, und der ist weit.

Das fiel auf ihn, er verging fast unter den Tönen. Madame Oberlin sah ihn an. Er faßte sich ein Herz, er konnte nicht mehr schweigen, er mußte davon sprechen. »Beste Madame Oberlin, können Sie mir nicht sagen, was das Frauenzimmer macht, dessen Schicksal mir so zentnerschwer auf dem Herzen liegt?« – »Aber Herr Lenz, ich weiß von nichts.«
Er schwieg dann wieder und ging hastig im Zimmer auf und ab; dann fing er wieder an: »Sehn Sie, ich will gehen; Gott, Sie sind noch die einzigen Menschen, wo ich's aushalten könnte, und doch – doch, ich muß weg, zu *ihr* – aber ich kann nicht, ich darf nicht.« – Er war heftig bewegt und ging hinaus.
Gegen Abend kam Lenz wieder, es dämmerte in der Stube; er setzte sich neben Madame Oberlin. »Sehn Sie«, fing er wieder an, »wenn sie so durchs Zimmer ging und so halb für sich allein sang, und jeder Tritt war eine Musik, es war so eine Glückseligkeit in ihr, und das strömte in mich über; ich war immer ruhig, wenn ich sie ansah oder sie so den Kopf an mich lehnte ... Ganz Kind; es war, als wär ihr die Welt zu weit: sie zog sich so in sich zurück, sie suchte das engste Plätzchen im ganzen Haus, und da saß sie, als wäre ihre ganze Seligkeit nur in einem kleinen Punkt, und dann war mir's auch so; wie ein Kind hätte ich dann spielen können. Jetzt ist es mir so eng, so eng!

Sehn Sie, es ist mir manchmal, als stieß' ich mit den Händen an den Himmel; oh, ich ersticke! Es ist mir dabei oft, als fühlt ich physischen Schmerz, da in der linken Seite, im Arm, womit ich sie sonst faßte. Doch kann ich sie mir nicht mehr vorstellen, das Bild läuft mir fort, und dies martert mich; nur wenn es mir manchmal ganz hell wird, so ist mir wieder recht wohl.« – Er sprach später noch oft mit Madame Oberlin davon, aber meist in abgebrochenen Sätzen; sie wußte wenig zu antworten, doch tat es ihm wohl.

Unterdessen ging es fort mit seinen religiösen Quälereien. Je leerer, je kälter, je sterbender er sich innerlich fühlte, desto mehr drängte es ihn, eine Glut in sich zu wecken; es kamen ihm Erinnerungen an die Zeiten, wo alles in ihm sich drängte, wo er unter all seinen Empfindungen keuchte. Und jetzt so tot. Er verzweifelte an sich selbst; dann warf er sich nieder, er rang die Hände, er rührte alles in sich auf – aber tot! tot! Dann flehte er, Gott möge ein Zeichen an ihm tun; dann wühlte er in sich, fastete, lag träumend am Boden.

Am 3. Hornung hörte er, ein Kind in Fouday sei gestorben, das Friederike hieß; er faßte es auf wie eine fixe Idee. Er zog sich in sein Zimmer und fastete einen Tag. Am 4. trat er plötzlich ins Zimmer zu Madame Oberlin; er hatte sich das Gesicht mit Asche beschmiert und forderte einen alten Sack. Sie erschrak; man gab ihm, was er verlangte. Er wickelte den Sack um sich, wie ein Büßender, und schlug den Weg nach Fouday ein. Die Leute im Tale waren ihn schon gewohnt; man erzählte sich allerlei Seltsames von ihm. Er kam ins Haus, wo das Kind lag. Die Leute gingen gleichgültig ihrem Geschäfte nach; man wies ihm eine

Kammer: das Kind lag im Hemde auf Stroh, auf einem Holztisch.

Lenz schauderte, wie er die kalten Glieder berührte und die halbgeöffneten gläsernen Augen sah. Das Kind kam ihm so verlassen vor, und er sich so allein und einsam. Er warf sich über die Leiche nieder. Der Tod erschreckte ihn, ein heftiger Schmerz faßte ihn an: diese Züge, dieses stille Gesicht sollte verwesen – er warf sich nieder; er betete mit allem Jammer der Verzweiflung, daß Gott ein Zeichen an ihm tue und das Kind beleben möge, wie er schwach und unglücklich sei; dann sank er ganz in sich und wühlte all seinen Willen auf einen Punkt. So saß er lange starr. Dann erhob er sich und faßte die Hände des Kindes und sprach laut und fest: »Stehe auf und wandle!« Aber die Wände hallten ihm nüchtern den Ton nach, daß es zu spotten schien, und die Leiche blieb kalt. Da stürzte er halb wahnsinnig nieder; dann jagte es ihn auf, hinaus ins Gebirg.

Wolken zogen rasch über den Mond; bald alles im Finstern, bald zeigten sie die nebelhaft verschwindende Landschaft im Mondschein. Er rannte auf und ab. In seiner Brust war ein Triumphgesang der Hölle. Der Wind klang wie ein Titanenlied. Es war ihm, als könnte er eine ungeheure Faust hinauf in den Himmel ballen und Gott herbeireißen und zwischen seinen Wolken schleifen; als könnte er die Welt mit den Zähnen zermalmen und sie dem Schöpfer ins Gesicht speien; er schwur, er lästerte. So kam er auf die Höhe des Gebirges, und das ungewisse Licht dehnte sich hinunter, wo die weißen Steinmassen lagen, und der Himmel war ein dummes blaues Aug, und der Mond stand ganz lächerlich drin, einfältig. Lenz mußte laut lachen, und mit dem Lachen griff der Atheismus in ihn und faßte ihn ganz sicher und ruhig und fest. Er wußte nicht mehr, was ihn vorhin so bewegt hatte, es fror ihn; er dachte, er wolle jetzt zu Bette gehn, und er ging kalt und unerschütterlich durch das unheimliche Dunkel – es war ihm alles leer und hohl, er mußte laufen und ging zu Bette.

Am folgenden Tag befiel ihn ein großes Grauen vor seinem gestrigen Zustand. Er stand nun am Abgrund, wo eine wahnsinnige Lust ihn trieb, immer wieder hineinzuschauen und sich diese Qual zu wiederholen. Dann steigerte sich seine Angst, die Sünde wider den Heiligen Geist stand vor ihm.

Einige Tage darauf kam Oberlin aus der Schweiz zurück, viel früher, als man es erwartet hatte. Lenz war darüber betroffen. Doch wurde er heiter, als Oberlin ihm von seinen Freunden im Elsaß erzählte. Oberlin ging dabei im Zimmer hin und her und packte aus, legte hin. Dabei erzählte er von Pfeffel, das Leben eines Landgeistlichen glücklich preisend. Dabei ermahnte er ihn, sich in den Wunsch seines Vaters zu fügen, seinem Berufe gemäß zu leben, heimzukehren. Er sagte ihm: »Ehre Vater und Mutter!« und dergleichen mehr. Über dem Gespräch geriet Lenz in heftige Unruhe; er stieß tiefe Seufzer aus, Tränen drangen ihm aus den Augen, er sprach abgebrochen. »Ja, ich halt es aber nicht aus; wollen Sie mich verstoßen? Nur in Ihnen ist der Weg zu Gott. Doch mit mir ist's aus! Ich bin abgefallen, verdammt in Ewigkeit, ich bin der Ewige Jude.« Oberlin sagte ihm, dafür sei Jesus gestorben; er möge sich brünstig an ihn wenden, und er würde teilhaben an seiner Gnade.

Lenz erhob das Haupt, rang die Hände und sagte:

»Ach! ach! göttlicher Trost –.« Dann frug er plötzlich freundlich, was das Frauenzimmer mache. Oberlin sagte, er wisse von nichts, er wolle ihm aber in allem helfen und raten; er müsse ihm aber Ort, Umstände und Person angeben. Er antwortete nichts wie gebrochne Worte: »Ach, ist sie tot? Lebt sie noch? Der Engel! Sie liebte mich – ich liebte sie, sie war's würdig – o der Engel! Verfluchte Eifersucht, ich habe sie aufgeopfert – sie liebte noch einen andern – ich liebte sie, sie war's würdig – o gute Mutter, auch die liebte mich – ich bin euer Mörder!« Oberlin versetzte: vielleicht lebten alle diese Personen noch, vielleicht vergnügt; es möge sein, wie es wolle, so könne und werde Gott, wenn er sich zu ihm bekehrt haben würde, diesen Personen auf sein Gebet und Tränen so viel Gutes erweisen, daß der Nutzen, den sie alsdann von ihm hätten, den Schaden, den er ihnen zugefügt, vielleicht überwiegen würde. Er wurde darauf nach und nach ruhiger und ging wieder an sein Malen.

Den Nachmittag kam er wieder. Auf der linken Schulter hatte er ein Stück Pelz und in der Hand ein Bündel Gerten, die man Oberlin nebst einem Briefe für Lenz mitgegeben hatte. Er reichte Oberlin die Gerten mit dem Begehren, er sollte ihn damit schlagen. Oberlin nahm die Gerten aus seiner Hand, drückte ihm einige Küsse auf den Mund und sagte: dies wären die Streiche, die er ihm zu geben hätte; er möchte ruhig sein, seine Sache mit Gott allein ausmachen, alle möglichen Schläge würden keine einzige seiner Sünden tilgen; dafür hätte Jesus gesorgt, zu dem möchte er sich wenden. Er ging.

Beim Nachtessen war er wie gewöhnlich etwas tiefsinnig. Doch sprach er von allerlei, aber mit ängstlicher Hast. Um Mitternacht wurde Oberlin durch ein Geräusch geweckt. Lenz rannte durch den Hof, rief mit hohler, harter Stimme den Namen Friederike, mit äußerster Schnelle, Verwirrung und Verzweiflung ausgesprochen; er stürzte sich dann in den Brunnentrog, patschte darin, wieder heraus und herauf in sein Zimmer, wieder herunter in den Trog, und so einigemal – endlich wurde er still. Die Mägde, die in der Kinderstube unter ihm schliefen, sagten, sie hätten oft, insonderheit aber in selbiger Nacht, ein Brummen gehört, das sie mit nichts als mit dem Tone einer Haberpfeife zu vergleichen wüßten. Vielleicht war es sein Winseln, mit hohler, fürchterlicher, verzweifelnder Stimme.

Am folgenden Morgen kam Lenz lange nicht. Endlich ging Oberlin hinauf in sein Zimmer: er lag im Bett, ruhig und unbeweglich. Oberlin mußte lange fragen, ehe er Antwort bekam; endlich sagte er: »Ja, Herr Pfarrer, sehen Sie, die Langeweile! die Langeweile! oh, so langweilig! Ich weiß gar nicht mehr, was ich sagen soll; ich habe schon allerlei Figuren an die Wand gezeichnet.« Oberlin sagte ihm, er möge sich zu Gott wenden; da lachte er und sagte: »Ja, wenn ich so glücklich wäre wie Sie, einen so behaglichen Zeitvertreib aufzufinden, ja, man könnte sich die Zeit schon so ausfüllen. Alles aus Müßiggang. Denn die meisten beten aus Langeweile, die andern verlieben sich aus Langeweile, die dritten sind tugendhaft, die vierten lasterhaft, und ich gar nichts, gar nichts, ich mag mich nicht einmal umbringen: es ist zu langweilig!

> O Gott! in deines Lichtes Welle,
> In deines glühnden Mittags Helle,
> Sind meine Augen wund gewacht.
> Wird es denn niemals wieder Nacht?«

Oberlin blickte ihn unwillig an und wollte gehen. Lenz huschte ihm nach, und indem er ihn mit unheimlichen Augen ansah: »Sehn Sie, jetzt kommt mir doch was ein, wenn ich nur unterscheiden könnte, ob ich träume oder wache; sehn Sie, das ist sehr wichtig, wir wollen es untersuchen« – er huschte dann wieder ins Bett.

Den Nachmittag wollte Oberlin in der Nähe einen Besuch machen; seine Frau war schon fort. Er war im Begriff wegzugehen, als es an seine Türe klopfte und Lenz hereintrat mit vorwärts gebogenem Leib, niederwärts hängendem Haupt, das Gesicht über und über und das Kleid hie und da mit Asche bestreut, mit der rechten Hand den linken Arm haltend. Er bat Oberlin, ihm den Arm zu ziehen: er hätte ihn verrenkt, er hätte sich zum Fenster heruntergestürzt; weil es aber niemand gesehen, wolle er es auch niemand sagen. Oberlin erschrak heftig, doch sagte er nichts; er tat, was Lenz begehrte. Zugleich schrieb er an den Schulmeister Sebastian Scheidecker von Bellefosse, er möge herunterkommen, und gab ihm Instruktionen. Dann ritt er weg.

Der Mann kam. Lenz hatte ihn schon oft gesehen und hatte sich an ihn attachiert. Er tat, als hätte er mit Oberlin etwas reden wollen, wollte dann wieder weg. Lenz bat ihn zu bleiben, und so blieben sie beisammen. Lenz schlug noch einen Spaziergang nach Fouday vor. Er besuchte das Grab des Kindes, das er hatte erwecken wollen, kniete zu verschiedenen Malen nieder, küßte die Erde des Grabes, schien betend, doch mit großer Verwirrung, riß etwas von der auf dem Grab stehenden Krone ab, als ein Andenken, ging wieder zurück nach Waldbach, kehrte wieder um, und Sebastian mit. Bald ging er langsam und klagte über große

Schwäche in den Gliedern, dann ging er mit verzweifelnder Schnelligkeit; die Landschaft beängstigte ihn, sie war so eng, daß er an alles zu stoßen fürchtete. Ein unbeschreibliches Gefühl des Mißbehagens befiel ihn; sein Begleiter ward ihm endlich lästig, auch mochte er seine Absicht erraten und suchte Mittel, ihn zu entfernen. Sebastian schien ihm nachzugeben, fand aber heimlich Mittel, seinen Bruder von der Gefahr zu benachrichtigen, und nun hatte Lenz zwei Aufseher, statt einen. Er zog sie wacker herum; endlich ging er nach Waldbach zurück, und da sie nahe am Dorfe waren, kehrte er wie ein Blitz wieder um und sprang wie ein Hirsch gen Fouday zurück. Die Männer setzten ihm nach. Indem sie ihn in Fouday suchten, kamen zwei Krämer und erzählten ihnen, man hätte in einem Hause einen Fremden gebunden, der sich für einen Mörder ausgäbe, der aber gewiß kein Mörder sein könne. Sie liefen in dies Haus und fanden es so. Ein junger Mensch hatte ihn, auf sein ungestümes Dringen, in der Angst gebunden. Sie banden ihn los und brachten ihn glücklich nach Waldbach, wohin Oberlin indessen mit seiner Frau zurückgekommen war. Er sah verwirrt aus. Da er aber merkte, daß er liebreich und freundlich empfangen wurde, bekam er wieder Mut; sein Gesicht veränderte sich vorteilhaft, er dankte seinen beiden Begleitern freundlich und zärtlich, und der Abend ging ruhig herum. Oberlin bat ihn inständig, nicht mehr zu baden, die Nacht ruhig im Bette zu bleiben, und wenn er nicht schlafen könne, sich mit Gott zu unterhalten. Er versprach's und tat es so die folgende Nacht; die Mägde hörten ihn fast die ganze Nacht hindurch beten.

Den folgenden Morgen kam er mit vergnügter Miene

auf Oberlins Zimmer. Nachdem sie verschiedenes gesprochen hatten, sagte er mit ausnehmender Freundlichkeit: »Liebster Herr Pfarrer, das Frauenzimmer, wovon ich Ihnen sagte, ist gestorben, ja, gestorben – der Engel!« – »Woher wissen Sie das?« – »Hieroglyphen, Hieroglyphen!« und dann zum Himmel geschaut und wieder: »Ja, gestorben – Hieroglyphen!« Es war dann nichts weiter aus ihm zu bringen. Er setzte sich und schrieb einige Briefe, gab sie sodann Oberlin mit der Bitte, einige Zeilen dazu zu setzen.

Sein Zustand war indessen immer trostloser geworden. Alles, was er an Ruhe aus der Nähe Oberlins und aus der Stille des Tals geschöpft hatte, war weg; die Welt, die er hatte nutzen wollen, hatte einen ungeheuern Riß; er hatte keinen Haß, keine Liebe, keine Hoffnung – eine schreckliche Leere, und doch eine folternde Unruhe, sie auszufüllen. Er hatte *nichts*. Was er tat, tat er nicht mit Bewußtsein, und doch zwang ihn ein innerlicher Instinkt. Wenn er allein war, war es ihm so entsetzlich einsam, daß er beständig laut mit sich redete, rief, und dann erschrak er wieder, und es war ihm, als hätte eine fremde Stimme mit ihm gesprochen. Im Gespräch stockte er oft, eine unbeschreibliche Angst befiel ihn, er hatte das Ende seines Satzes verloren; dann meinte er, er müsse das zuletzt gesprochene Wort behalten und immer sprechen, nur mit großer Anstrengung unterdrückte er diese Gelüste. Es bekümmerte die guten Leute tief, wenn er manchmal in ruhigen Augenblicken bei ihnen saß und unbefangen sprach, und er dann stockte und eine unaussprechliche Angst sich in seinen Zügen malte, er die Personen, die ihm zunächst saßen, krampfhaft am Arm faßte und erst nach und nach wieder zu sich kam. War er allein oder las er, war's noch ärger; all seine geistige Tätigkeit blieb manchmal in einem Gedanken hängen. Dachte er an eine fremde Person, oder stellte er sie sich lebhaft vor, so war es ihm, als würde er sie selbst; er verwirrte sich ganz, und dabei hatte er einen unendlichen Trieb, mit allem um ihn im Geiste willkürlich umzugehen – die Natur, Menschen, nur Oberlin ausgenommen, alles traumartig, kalt. Er amüsierte sich, die Häuser auf die Dächer zu stellen, die Menschen an- und auszukleiden, die wahnwitzigsten Possen auszusinnen. Manchmal fühlte er einen unwiderstehlichen Drang, das Ding, das er gerade im Sinne hatte, auszuführen, und dann schnitt er entsetzliche Fratzen. Einst saß er neben Oberlin, die Katze lag gegenüber auf einem Stuhl. Plötzlich wurden seine Augen starr, er hielt sie unverrückt auf das Tier gerichtet; dann glitt er langsam den Stuhl herunter, die Katze ebenfalls: sie war wie bezaubert von seinem Blick, sie geriet in ungeheure Angst, sie sträubte sich scheu; Lenz mit den nämlichen Tönen, mit fürchterlich entstelltem Gesicht; wie in Verzweiflung stürzten beide aufeinander los – da endlich erhob sich Madame Oberlin, um sie zu trennen. Dann war er wieder tief beschämt. Die Zufälle des Nachts steigerten sich aufs schrecklichste. Nur mit der größten Mühe schlief er ein, während er zuvor noch die schreckliche Leere zu füllen versucht hatte. Dann geriet er zwischen Schlaf und Wachen in einen entsetzlichen Zustand: er stieß an etwas Grauenhaftes, Entsetzliches, der Wahnsinn packte ihn; er fuhr mit fürchterlichem Schreien, in Schweiß gebadet, auf, und erst nach und nach fand er sich wieder. Er mußte dann mit den einfachsten Dingen anfangen, um wieder zu sich zu kommen. Eigentlich nicht er selbst tat es, sondern ein mächtiger Erhaltungstrieb: es war, als sei er doppelt, und der eine Teil suche den andern zu retten und riefe sich selbst zu; er erzählte, er sagte in der heftigsten Angst Gedichte her, bis er wieder zu sich kam.

Auch bei Tage bekam er diese Zufälle, sie waren dann noch schrecklicher; denn sonst hatte ihn die Helle davor bewahrt. Es war ihm dann, als existiere er allein, als bestünde die Welt nur in seiner Einbildung, als sei nichts als er; er sei das ewig Verdammte, der Satan, allein mit seinen folternden Vorstellungen. Er jagte mit rasender Schnelligkeit sein Leben durch, und dann sagte er: »Konsequent, konsequent«; wenn jemand was sprach: »Inkonsequent, inkonsequent«; – es war die Kluft unrettbaren Wahnsinns, eines Wahnsinns durch die Ewigkeit.

Der Trieb der geistigen Erhaltung jagte ihn auf: er stürzte sich in Oberlins Arme, er klammerte sich an ihn, als wolle er sich in ihn drängen; er war das einzige Wesen, das für ihn lebte und durch den ihm wieder das Leben offenbart wurde. Allmählich brachten ihn Oberlins Worte dann zu sich; er lag auf den Knieen vor Oberlin, seine Hände in den Händen Oberlins, sein mit kaltem Schweiß bedecktes Gesicht auf dessen Schoß, am ganzen Leibe bebend und zitternd. Oberlin empfand unendliches Mitleid, die Familie lag auf den Knieen und betete für den Unglücklichen, die Mägde flohen und hielten ihn für einen Besessenen. Und wenn er ruhiger wurde, war es wie der Jammer eines Kindes: er schluchzte, er empfand ein tiefes, tiefes Mitleid mit sich selbst; das waren auch seine seligsten Augenblicke. Oberlin sprach ihm von Gott. Lenz wand sich ruhig los und sah ihn mit einem Ausdruck unendlichen Leidens an, und sagte endlich: »Aber ich, wär ich allmächtig, sehen Sie, wenn ich so wäre, ich könnte das Leiden nicht ertragen, ich würde retten, retten; ich will ja nichts als Ruhe, Ruhe, nur ein wenig Ruhe, um schlafen zu können.« Oberlin sagte, dies sei eine Profanation. Lenz schüttelte trostlos mit dem Kopfe.

Die halben Versuche zum Entleiben, die er indes fortwährend machte, waren nicht ganz ernst. Es war weniger der Wunsch des Todes – für ihn war ja keine Ruhe und Hoffnung im Tode –, es war mehr in Augenblicken der fürchterlichsten Angst oder der dumpfen, ans Nichtsein grenzenden Ruhe ein Versuch, sich zu sich selbst zu bringen durch physischen Schmerz. Augenblicke, worin sein Geist sonst auf irgendeiner wahnwitzigen Idee zu reiten schien, waren noch die glücklichsten. Es war doch ein wenig Ruhe, und sein wirrer Blick war nicht so entsetzlich als die nach Rettung dürstende Angst, die ewige Qual der Unruhe! Oft schlug er sich den Kopf an die Wand oder verursachte sich sonst einen heftigen physischen Schmerz.

Den 8. morgens blieb er im Bette, Oberlin ging hinauf; er lag fast nackt auf dem Bette und war heftig bewegt. Oberlin wollte ihn zudecken, er klagte aber sehr, wie schwer alles sei, so schwer! er glaube gar nicht, daß er gehen könne; jetzt endlich empfinde er die ungeheure Schwere der Luft. Oberlin sprach ihm Mut zu. Er blieb aber in seiner frühern Lage und blieb den größten Teil des Tages so, auch nahm er keine Nahrung zu sich.

Gegen Abend wurde Oberlin zu einem Kranken nach Bellefosse gerufen. Es war gelindes Wetter und Mondschein. Auf dem Rückweg begegnete ihm Lenz. Er schien ganz vernünftig und sprach ruhig und freundlich mit Oberlin. Der bat ihn, nicht zu weit zu gehen; er versprach's. Im Weggehn wandte er sich plötzlich um und trat wieder ganz nahe zu Oberlin und sagte rasch: »Sehn Sie, Herr Pfarrer, wenn ich das nur nicht mehr hören müßte, mir wäre geholfen.« – »Was denn, mein Lieber?« – »Hören Sie denn nichts? hören Sie denn nicht die entsetzliche Stimme, die um den ganzen Horizont schreit und die man gewöhnlich die Stille heißt? Seit ich in dem stillen Tal bin, hör ich's immer, es läßt mich nicht schlafen; ja, Herr Pfarrer, wenn ich wieder einmal schlafen könnte!« Er ging dann kopfschüttelnd weiter.

Oberlin ging zurück nach Waldbach und wollte ihm jemand nachschicken, als er ihn die Stiege herauf in sein Zimmer gehen hörte. Einen Augenblick darauf platzte etwas im Hof mit so starkem Schall, daß es Oberlin unmöglich von dem Fall eines Menschen herkommen zu können schien. Die Kindsmagd kam todblaß und ganz zitternd ...

Er saß mit kalter Resignation im Wagen, wie sie das Tal hervor nach Westen fuhren. Es war ihm einerlei, wohin man ihn führte. Mehrmals, wo der Wagen bei dem schlechten Wege in Gefahr geriet, blieb er ganz ruhig sitzen; er war vollkommen gleichgültig. In diesem Zustand legte er den Weg durchs Gebirg zurück. Gegen Abend waren sie im Rheintale. Sie entfernten sich allmählich vom Gebirg, das nun wie eine tiefblaue Kristallwelle sich in das Abendrot hob, und auf deren warmer Flut die roten Strahlen des Abends spielten; über die Ebene hin am Fuße des Gebirgs lag ein schimmerndes, bläuliches Gespinst. Es wurde finster, je mehr sie sich Straßburg näherten; hoher Vollmond, alle fernen Gegenstände dunkel, nur der Berg neben bildete eine scharfe Linie; die Erde war wie ein goldner Pokal, über den schäumend die Goldwellen des Mondes liefen. Lenz starrte ruhig hinaus, keine Ahnung, kein Drang; nur wuchs eine dumpfe Angst in ihm, je mehr die Gegenstände sich in der Finsternis verloren. Sie mußten einkehren. Da machte er wieder mehrere Versuche, Hand an sich zu legen, war aber zu scharf bewacht.

Am folgenden Morgen, bei trübem, regnerischem Wetter, traf er in Straßburg ein. Er schien ganz vernünftig, sprach mit den Leuten. Er tat alles, wie es die andern taten; es war aber eine entsetzliche Leere in ihm, er fühlte keine Angst mehr, kein Verlangen, sein Dasein war ihm eine notwendige Last. –

So lebte er hin . . .

Der Hessische Landbote

Erste Botschaft

Darmstadt, im Juli 1834.

Vorbericht

Dieses Blatt soll dem hessischen Lande die Wahrheit melden, aber wer die Wahrheit sagt, wird gehenkt; ja sogar der, welcher die Wahrheit liest, wird durch meineidige Richter vielleicht gestraft. Darum haben die, welchen dies Blatt zukommt, folgendes zu beobachten:

1. Sie müssen das Blatt sorgfältig außerhalb ihres Hauses vor der Polizei verwahren;
2. sie dürfen es nur an treue Freunde mitteilen;
3. denen, welchen sie nicht trauen wie sich selbst, dürfen sie es nur heimlich hinlegen;
4. würde das Blatt dennoch bei einem gefunden, der es gelesen hat, so muß er gestehen, daß er es eben dem Kreisrat habe bringen wollen;
5. wer das Blatt nicht gelesen hat, wenn man es bei ihm findet, der ist natürlich ohne Schuld.

Friede den Hütten! Krieg den Palästen!

Im Jahre 1834 siehet es aus, als würde die Bibel Lügen gestraft. Es sieht aus, als hätte Gott die Bauern und Handwerker am fünften Tage und die Fürsten und Vornehmen am sechsten gemacht, und als hätte der Herr zu diesen gesagt: »Herrschet über alles Getier, das auf Erden kriecht«, und hätte die Bauern und Bürger zum Gewürm gezählt. Das Leben der *Vornehmen* ist ein langer Sonntag: sie wohnen in schönen Häusern, sie tragen zierliche Kleider, sie haben feiste Gesichter und reden eine eigne Sprache; das Volk aber liegt vor ihnen wie Dünger auf dem Acker. Der Bauer geht hinter dem Pflug, der *Vornehme* aber geht hinter ihm und dem Pflug und treibt ihn mit den Ochsen am Pflug, er nimmt das Korn und läßt ihm die Stoppeln. Das Leben des Bauern ist ein langer Werktag; Fremde verzehren seine Äcker vor seinen Augen, sein Leib ist eine Schwiele, sein Schweiß ist das Salz auf dem Tische des *Vornehmen*.

Im Großherzogtum Hessen sind 718 373 Einwohner, die geben an den Staat jährlich an 6 363 436 Gulden, als

1. Direkte Steuern	2 128 131	Fl.
2. Indirekte Steuern . . .	2 478 264	„
3. Domänen	1 547 394	„
4. Regalien	46 938	„
5. Geldstrafen	98 511	„
6. Verschiedene Quellen . .	64 198	„
	6 363 436	Fl.

Dies Geld ist der Blutzehnte, der vom Leib des Volkes genommen wird. An 700 000 Menschen schwitzen, stöhnen und hungern dafür. Im Namen des Staates wird es erpreßt, die Presser berufen sich auf die Regierung, und die Regierung sagt, das sei nötig, die Ordnung im Staat zu erhalten. Was ist denn nun das für gewaltiges Ding: der Staat? Wohnt eine Anzahl Menschen in einem Land und es sind Verordnungen oder Gesetze vorhanden, nach denen jeder sich richten muß, so sagt man, sie bilden einen Staat. Der Staat also sind *alle*; die Ordner im Staate sind die Gesetze, durch welche das Wohl *aller* gesichert wird und die aus dem Wohl *aller* hervorgehen sollen. – Seht nun, was man in dem Großherzogtum aus dem Staat gemacht hat; seht, was es heißt: die Ordnung im Staate erhalten! 700 000 Menschen bezahlen dafür 6 Millionen, d. h. sie werden zu Ackergäulen und Pflugstieren gemacht, damit sie in Ordnung leben. In Ordnung leben heißt hungern und geschunden werden.

Wer sind denn die, welche diese Ordnung gemacht haben und die wachen, diese Ordnung zu erhalten? Das ist die Großherzogliche Regierung. Die Regierung wird gebildet von dem Großherzog und seinen obersten Beamten. Die andern Beamten sind Männer, die von der Regierung berufen werden, um jene Ordnung in Kraft zu erhalten. Ihre Anzahl ist Legion: Staatsräte und Regierungsräte, Landräte und Kreisräte, geistliche Räte und Schulräte, Finanzräte und Forsträte usw. mit allem ihrem Heer von Sekretären usw. Das Volk ist ihre Herde, sie sind seine Hirten, Melker und Schinder; sie haben die Häute der Bauern an, der Raub der Armen ist in ihrem Hause; die Tränen der Witwen und Waisen sind das Schmalz auf ihren Gesichtern; sie herrschen frei und ermahnen das Volk zur Knechtschaft. Ihnen gebt ihr 6 000 000 Fl. Abgaben; sie haben dafür die Mühe, euch zu regieren; d. h. sich von euch füttern zu lassen und euch eure Menschen- und Bürgerrechte zu rauben. Sehet, was die Ernte eures Schweißes ist!

Für das Ministerium des Innern und der Gerechtigkeitspflege werden bezahlt 1 110 607 Gulden. Dafür habt ihr einen Wust von Gesetzen, zusammengehäuft aus willkürlichen Verordnungen aller Jahrhunderte, meist geschrieben in einer fremden Sprache. Der Unsinn aller vorigen Geschlechter hat sich darin auf euch vererbt, der Druck, unter dem sie erlagen, sich auf euch fortgewälzt. Das Gesetz ist das Eigentum einer unbedeutenden Klasse von *Vornehmen* und Gelehrten, die sich durch ihr eignes Machwerk die Herrschaft zuspricht. Diese Gerechtigkeit ist nur ein Mittel, euch in Ordnung zu halten, damit man euch bequemer schinde; sie spricht nach Gesetzen, die ihr nicht versteht, nach Grundsätzen, von denen ihr nichts wißt, Urteile, von denen ihr nichts begreift. Unbestechlich ist sie, weil sie sich gerade teuer genug bezahlen läßt, um keine Bestechung zu brauchen. Aber die meisten ihrer Diener sind der Regierung mit Haut und Haar verkauft. Ihre Ruhestühle stehen auf einem Geldhaufen von 461 373 Gulden (so viel betragen die Ausgaben für die Gerichtshöfe und die Kriminalkosten). Die Fräcke, Stöcke und Säbel ihrer unverletzlichen Diener sind mit dem Silber von 197 502 Gulden beschlagen (so viel kostet die Polizei überhaupt, die Gendarmerie usw.). Die Justiz ist in Deutschland seit Jahrhunderten die Hure der deutschen Fürsten. Jeden Schritt zu ihr müßt ihr mit Silber pflastern, und mit Armut und Erniedrigung erkauft ihr ihre Sprüche. Denkt an das Stempelpapier, denkt an euer Bücken in den Amtsstuben und euer Wachestehen vor denselben. Denkt an die Sporteln für Schreiber und Gerichtsdiener. Ihr dürft euern Nachbar verklagen, der euch eine Kartoffel stiehlt; aber klagt einmal über den Diebstahl, der von Staats wegen unter dem Namen von Abgabe und Steuern jeden Tag an eurem Eigentum begangen wird; damit eine Legion unnützer Beamten sich von eurem Schweiße mästen; klagt einmal, daß ihr der Willkür einiger Fettwänste überlassen seid und daß diese Willkür Gesetz heißt, klagt, daß ihr die Ackergäule des Staates seid, klagt über eure verlorne Menschenrechte: wo sind die Gerichtshöfe, die eure Klage annehmen, wo die Richter, die Recht sprächen? – Die Ketten eurer Vogelsberger Mitbürger, die man nach Rockenburg schleppte, werden euch Antwort geben.

Und will endlich ein Richter oder ein andrer Beamte von den wenigen, welchen das Recht und das gemeine Wohl lieber ist als ihr Bauch und der Mammon, ein Volksrat und kein Volksschinder sein, so wird er von den obersten Räten des Fürsten selber geschunden.

Für das Ministerium der Finanzen 1 551 502 Fl.

Damit werden die Finanzräte, Obereinnehmer, Steuerboten, die Untererheber besoldet. Dafür wird der Ertrag eurer Äcker berechnet und eure Köpfe gezählt. Der Boden unter euren Füßen, der Bissen zwischen euren Zähnen ist besteuert. Dafür sitzen die Herren in Fräcken beisammen, und das Volk steht nackt und gebückt vor ihnen; sie legen die Hände an seine Lenden und Schultern und rechnen aus, wie viel es noch tragen kann, und wenn sie barmherzig sind, so geschieht es nur, wie man ein Vieh schont, das man nicht so sehr angreifen will.

Für das Militär wird bezahlt 914 820 Gulden.

Dafür kriegen eure Söhne einen bunten Rock auf den Leib, ein Gewehr oder eine Trommel auf die Schulter und dürfen jeden Herbst einmal blind schießen und erzählen, wie die Herren vom Hof und die ungeratenen Buben vom Adel allen Kindern ehrlicher Leute vorgehen und mit ihnen in den breiten Straßen der

Städte herumziehen mit Trommeln und Trompeten. Für jene 900 000 Gulden müssen eure Söhne den Tyrannen schwören und Wache halten an ihren Palästen. Mit ihren Trommeln übertäuben sie eure Seufzer, mit ihren Kolben zerschmettern sie euch den Schädel, wenn ihr zu denken wagt, daß ihr freie Menschen seid. Sie sind die gesetzlichen Mörder, welche die gesetzlichen Räuber schützen; denkt an Södel! Eure Brüder, eure Kinder waren dort Bruder- und Vatermörder.

Für die Pensionen 480 000 Gulden.

Dafür werden die Beamten aufs Polster gelegt, wenn sie eine gewisse Zeit dem Staate treu gedient haben, d. h. wenn sie eifrige Handlanger bei der regelmäßig eingerichteten Schinderei gewesen, die man Ordnung und Gesetz heißt.

Für das Staatsministerium und den Staatsrat 174 600 Gulden.

Die größten Schurken stehen wohl jetzt allerwärts in Deutschland den Fürsten am nächsten, wenigstens im Großherzogtum. Kommt ja ein ehrlicher Mann in einen Staatsrat, so wird er ausgestoßen. Könnte aber auch ein ehrlicher Mann jetzo Minister sein oder bleiben, so wäre er, wie die Sachen stehn in Deutschland, nur eine Drahtpuppe, an der die fürstliche Puppe zieht; und an dem fürstlichen Popanz zieht wieder ein Kammerdiener oder ein Kutscher oder seine Frau und ihr Günstling oder sein Halbbruder – oder alle zusammen.

In Deutschland stehet es jetzt, wie der Prophet Micha schreibt, Kap. 7, V. 3 und 4: »Die Gewaltigen raten nach ihrem Mutwillen, Schaden zu tun, und drehen es, wie sie es wollen. Der Beste unter ihnen ist wie ein

Dorn, und der Redlichste wie eine Hecke.« Ihr müßt
die Dörner und Hecken teuer bezahlen! denn ihr müßt
ferner für das großherzogliche Haus und den Hofstaat 827 772 Gulden bezahlen.

Die Anstalten, die Leute, von denen ich bis jetzt gesprochen, sind nur Werkzeuge, sind nur Diener. Sie
tun nichts in ihrem Namen, unter der Ernennung zu
ihrem Amt steht ein L., das bedeutet *Ludwig* von Gottes Gnaden, und sie sprechen mit Ehrfurcht: »Im Namen des Großherzogs.« Dies ist ihr Feldgeschrei, wenn
sie euer Gerät versteigern, euer Vieh wegtreiben, euch
in den Kerker werfen. Im Namen des Großherzogs
sagen sie, und der Mensch, den sie so nennen, heißt:
unverletzlich, heilig, souverän, königliche Hoheit.
Aber tretet zu dem Menschenkinde und blickt durch
seinen Fürstenmantel. Es ißt, wenn es hungert, und
schläft, wenn sein Auge dunkel wird. Sehet, es kroch
so nackt und weich in die Welt wie ihr und wird so
hart und steif hinausgetragen wie ihr, und doch hat es
seinen Fuß auf eurem Nacken, hat 700 000 Menschen
an seinem Pflug, hat Minister, die verantwortlich
sind für das, was es tut, hat Gewalt über euer Eigentum durch die Steuern, die es ausschreibt, über euer
Leben durch die Gesetze, die es macht, es hat adlige
Herrn und Damen um sich, die man Hofstaat heißt,
und seine göttliche Gewalt vererbt sich auf seine Kinder mit Weibern, welche aus ebenso übermenschlichen
Geschlechtern sind.

Wehe über euch Götzendiener! – Ihr seid wie die Hei-
den, die das Krokodil anbeten, von dem sie zerrissen
werden. Ihr setzt ihm eine Krone auf, aber es ist eine
Dornenkrone, die ihr euch selbst in den Kopf drückt;
ihr gebt ihm ein Zepter in die Hand, aber es ist eine

Rute, womit ihr gezüchtigt werdet; ihr setzt ihn auf euern Thron, aber es ist ein Marterstuhl für euch und eure Kinder. Der Fürst ist der Kopf des Blutigels, der über euch hinkriecht, die Minister sind seine Zähne und die Beamten sein Schwanz. Die hungrigen Mägen aller vornehmen Herren, denen er die hohen Stellen verteilt, sind Schröpfköpfe, die er dem Lande setzt. Das L., was unter seinen Verordnungen steht, ist das Malzeichen des Tieres, das die Götzendiener unserer Zeit anbeten. Der Fürstenmantel ist der Teppich, auf dem sich die Herren und Damen vom Adel und Hofe in ihrer Geilheit übereinander wälzen – mit Orden und Bändern decken sie ihre Geschwüre, und mit kostbaren Gewändern bekleiden sie ihre aussätzigen Leiber. Die Töchter des Volks sind ihre Mägde und Huren, die Söhne des Volks ihre Lakaien und Soldaten. Geht einmal nach Darmstadt und seht, wie die Herren sich für euer Geld dort lustig machen, und erzählt dann euern hungernden Weibern und Kindern, daß ihr Brot an fremden Bäuchen herrlich angeschlagen sei, erzählt ihnen von den schönen Kleidern, die in ihrem Schweiß gefärbt, und von den zierlichen Bändern, die aus den Schwielen ihrer Hände geschnitten sind, erzählt von den stattlichen Häusern, die aus den Knochen des Volks gebaut sind; und dann kriecht in eure rauchigen Hütten und bückt euch auf euren steinichten Äckern, damit eure Kinder auch einmal hingehen können, wenn ein Erbprinz mit einer Erbprinzessin für einen andern Erbprinzen Rat schaffen will, und durch die geöffneten Glastüren das Tischtuch sehen, wovon die Herren speisen, und die Lampen riechen, aus denen man mit dem Fett der Bauern illuminiert.

*Das alles duldet ihr, weil euch Schurken sagen: diese
Regierung sei von Gott. Diese Regierung ist nicht von
Gott, sondern vom Vater der Lügen. Diese deutschen
Fürsten sind keine rechtmäßige Obrigkeit, sondern die
rechtmäßige Obrigkeit, den deutschen Kaiser, der vor-
mals vom Volke frei gewählt wurde, haben sie seit
Jahrhunderten verachtet und endlich gar verraten.
Aus Verrat und Meineid, und nicht aus der Wahl des
Volkes, ist die Gewalt der deutschen Fürsten hervor-
gegangen, und darum ist ihr Wesen und Tun von Gott
verflucht! ihre Weisheit ist Trug, ihre Gerechtigkeit
ist Schinderei. Sie zertreten das Land und zerschlagen
die Person des Elenden. Ihr lästert Gott, wenn ihr
einen dieser Fürsten einen Gesalbten des Herrn nennt,
d. h. Gott habe die Teufel gesalbt und zu Fürsten über
die deutsche Erde gesetzt. Deutschland, unser liebes
Vaterland, haben diese Fürsten zerrissen, den Kaiser,
den unsere freien Voreltern wählten, haben diese Fürsten verraten, und nun fordern diese Verräter und
Menschenquäler Treue von euch! – Doch das Reich
der Finsternis neigt sich zum Ende. Über ein kleines,
und Deutschland, das jetzt die Fürsten schinden, wird
als ein Freistaat mit einer vom Volk gewählten Obrigkeit wieder auferstehn. Die Heilige Schrift sagt: »Gebet dem Kaiser, was des Kaisers ist.« Was ist aber dieser Fürsten, der Verräter? – Das Teil von J u d a s !*
Für die Landstände 16 000 Gulden.
Im Jahr 1789 war das Volk in Frankreich müde, länger die Schindmähre seines Königs zu sein. Es erhob
sich und berief Männer, denen es vertraute, und die
Männer traten zusammen und sagten, ein König sei
ein Mensch wie ein anderer auch, er sei nur der erste
Diener im Staat, er müsse sich vor dem Volk verant-

worten, und wenn er sein Amt schlecht verwalte, könne er zur Strafe gezogen werden. Dann erklärten sie die Rechte des Menschen: »Keiner erbt vor dem andern mit der Geburt ein Recht oder einen Titel, keiner erwirbt mit dem Eigentum ein Recht vor dem andern. Die höchste Gewalt ist in dem Willen aller oder der Mehrzahl. Dieser Wille ist das Gesetz, er tut sich kund durch die Landstände oder die Vertreter des Volks, sie werden von allen gewählt, und jeder kann gewählt werden; diese Gewählten sprechen den Willen ihrer Wähler aus, und so entspricht der Wille der Mehrzahl unter ihnen dem Willen der Mehrzahl unter dem Volke; der König hat nur für die Ausübung der von ihnen erlassenen Gesetze zu sorgen.« Der König schwur, dieser Verfassung treu zu sein; er wurde aber meineidig an dem Volke, und das Volk richtete ihn, wie es einem Verräter geziemt. Dann schafften die Franzosen die erbliche Königswürde ab und wählten frei eine neue Obrigkeit, wozu jedes Volk nach der Vernunft und der Heiligen Schrift das Recht hat. Die Männer, die über die Vollziehung der Gesetze wachen sollten, wurden von der Versammlung der Volksvertreter ernannt, sie bildeten die neue Obrigkeit. Sie waren Regierung und Gesetzgeber vom Volk gewählt, und Frankreich war ein Freistaat.

Die übrigen Könige aber entsetzten sich vor der Gewalt des französischen Volkes; sie dachten, sie könnten alle über der ersten Königsleiche den Hals brechen und ihre mißhandelten Untertanen möchten bei dem Freiheitsruf der Franken erwachen. Mit gewaltigem Kriegsgerät und reisigem Zeug stürzten sie von allen Seiten auf Frankreich, und ein großer Teil der Adligen und *Vornehmen* im Lande stand auf und schlug sich zu dem Feind. Da ergrimmte das Volk und erhob sich in seiner Kraft. Es erdrückte die Verräter und zerschmetterte die Söldner der Könige. Die junge Freiheit wuchs im Blut der Tyrannen, und vor ihrer Stimme bebten die Throne und jauchzten die Völker. Aber die Franzosen verkauften selbst ihre junge Freiheit für den Ruhm, den ihnen Napoleon darbot, und erhoben ihn auf den Kaiserthron. – Da ließ der Allmächtige das Heer des Kaisers in Rußland erfrieren und züchtigte Frankreich durch die Knute der Kosaken und gab den Franzosen die dickwanstigen Bourbonen wieder zu Königen, damit Frankreich sich bekehre vom Götzendienst der erblichen Königsherrschaft und dem Gotte diene, der die Menschen frei und gleich geschaffen. Aber als die Zeit seiner Strafe verflossen war und tapfere Männer im Julius 1830 den meineidigen König Karl den Zehnten aus dem Lande jagten, da wendete dennoch das befreite Frankreich sich abermals zur halberblichen Königsherrschaft und band sich in dem Heuchler Louis Philipp eine neue Zuchtrute auf. In Deutschland und ganz Europa aber war große Freude, als der zehnte Karl vom Thron gestürzt ward, und die unterdrückten deutschen Länder rüsteten sich zum Kampf für die Freiheit. Da ratschlagten die Fürsten, wie sie dem Grimm des Volkes entgehen sollten, und die listigen unter ihnen sagten: Laßt uns einen Teil unserer Gewalt abgeben, daß wir das übrige behalten. Und sie traten vor das Volk und sprachen: Wir wollen euch die Freiheit schenken, um die ihr kämpfen wollt. Und zitternd vor Furcht warfen sie einige Brocken hin und sprachen von ihrer Gnade. Das Volk traute ihnen leider und legte sich zur Ruhe. – Und so ward Deutschland betrogen wie Frankreich.

Denn was sind diese Verfassungen in Deutschland? Nichts als leeres Stroh, woraus die Fürsten die Körner für sich herausgeklopft haben. Was sind unsere Landtage? Nichts als langsame Fuhrwerke, die man einmal oder zweimal wohl der Raubgier der Fürsten und ihrer Minister in den Weg schieben, woraus man aber nimmermehr eine feste Burg für deutsche Freiheit bauen kann. Was sind unsere Wahlgesetze? Nichts als Verletzungen der Bürger- und Menschenrechte der meisten Deutschen. Denkt an das Wahlgesetz im Großherzogtum, wornach keiner gewählt werden kann, der nicht hochbegütert ist, wie rechtschaffen und gutgesinnt er auch sei, wohl aber der *Grolmann*, der euch um die zwei Millionen bestehlen wollte. *Denkt an die Verfassung des Großherzogtums. – Nach den Artikeln derselben ist der Großherzog unverletzlich, heilig und unverantwortlich. Seine Würde ist erblich in seiner Familie, er hat das Recht, Krieg zu führen, und ausschließliche Verfügung über das Militär. Er beruft die Landstände, vertagt sie oder löst sie auf. Die Stände dürfen keinen Gesetzesvorschlag machen, sondern sie müssen um das Gesetz bitten, und dem Gutdünken des Fürsten bleibt es unbedingt überlassen, es zu geben oder zu verweigern. Er bleibt im Besitz einer fast unumschränkten Gewalt, nur darf er keine neuen Gesetze machen und keine neuen Steuern ausschreiben ohne Zustimmung der Stände. Aber teils kehrt er sich nicht an diese Zustimmung, teils genügen ihm die alten Gesetze, die das Werk der Fürstengewalt sind, und er bedarf darum keiner neuen Gesetze. Eine solche Verfassung ist ein elend jämmerlich Ding. Was ist von Ständen zu erwarten, die an eine solche Verfassung gebunden sind? Wenn unter den Ge-*

wählten auch keine Volksverräter und feige Memmen wären, wenn sie aus lauter entschlossenen Volksfreunden bestünden?! Was ist von Ständen zu erwarten, die kaum die elenden Fetzen einer armseligen Verfassung zu verteidigen vermögen! – Der einzige Widerstand, den sie zu leisten vermochten, war die Verweigerung der zwei Millionen Gulden, die sich der Großherzog von dem überschuldeten Volke wollte schenken lassen zur Bezahlung seiner Schulden. – Hätten aber auch die Landstände des Großherzogtums genügende Rechte, und hätte das Großherzogtum, aber nur das Großherzogtum allein, eine wahrhafte Verfassung, so würde die Herrlichkeit doch bald zu Ende sein. Die Raubgeier in Wien und Berlin würden ihre Henkerskrallen ausstrecken und die kleine Freiheit mit Rumpf und Stumpf ausrotten. Das ganze deutsche Volk muß sich die Freiheit erringen. Und diese Zeit, geliebte Mitbürger, ist nicht ferne. – Der Herr hat das schöne deutsche Land, das viele Jahrhunderte das herrlichste Reich der Erde war, in die Hände der fremden und einheimischen Schinder gegeben, weil das Herz des deutschen Volkes von der Freiheit und Gleichheit seiner Voreltern und von der Furcht des Herrn abgefallen war, weil ihr dem Götzendienste der vielen Herrlein, Kleinherzoge und Däumlings-Könige euch ergeben hattet.

Der Herr, der den Stecken des fremden Treibers Napoleon zerbrochen hat, wird auch die Götzenbilder unserer einheimischen Tyrannen zerbrechen durch die Hände des Volks. Wohl glänzen diese Götzenbilder von Gold und Edelsteinen, von Orden und Ehrenzeichen, aber in ihrem Innern stirbt der Wurm nicht, und ihre Füße sind von Lehm. – Gott wird euch Kraft geben, ihre Füße zu zerschmeißen, sobald ihr euch bekehret von dem Irrtum eures Wandels und die Wahrheit erkennet: daß nur ein Gott ist und keine Götter neben ihm, die sich Hoheiten und Allerhöchste, heilig und unverantwortlich nennen lassen, daß Gott alle Menschen frei und gleich in ihren Rechten schuf, und daß keine Obrigkeit von Gott zum Segen verordnet ist als die, welche auf das Vertrauen des Volkes sich gründet und vom Volke ausdrücklich oder stillschweigend erwählt ist! daß dagegen die Obrigkeit, die Gewalt, aber kein Recht über ein Volk hat, nur a l s o von Gott ist, wie der Teufel auch von Gott ist, und daß der Gehorsam gegen eine solche Teufelsobrigkeit nur so lange gilt, bis ihre Teufelsgewalt gebrochen werden kann! – daß der Gott, der ein Volk durch eine Sprache zu einem Leibe vereinigte, die Gewaltigen, die es zerfleischen und vierteilen oder gar in dreißig Stücke zerreißen, als Volksmörder und Tyrannen hier zeitlich und dort ewiglich strafen wird, denn die Schrift sagt: was Gott vereinigt hat, soll der Mensch nicht trennen! und daß der Allmächtige, der aus der Einöde ein Paradies schaffen kann, auch ein Land des Jammers und des Elends wieder in ein Paradies umschaffen kann, wie unser teuerwertes Deutschland war, bis seine Fürsten es zerfleischten und schunden.

Weil das deutsche Reich morsch und faul war und die Deutschen von Gott und von der Freiheit abgefallen waren, hat Gott das Reich zu Trümmern gehen lassen, um es zu einem Freistaat zu verjüngen. Er hat eine Zeitlang den Satansengeln Gewalt gegeben, daß sie Deutschland mit Fäusten schlügen, er hat den Gewaltigen und Fürsten, die in der Finsternis herrschen, den bösen Geistern unter dem Himmel (Ephes. 6), Gewalt gegeben, daß sie Bürger und Bauern peinigten und ihr Blut aussaugten und ihren Mutwillen trieben mit allen, die Recht und Freiheit mehr lieben als Unrecht und Knechtschaft. – Aber ihr Maß ist voll!

Sehet an das von Gott gezeichnete Scheusal, den König Ludwig von Bayern, den Gotteslästerer, der redliche Männer vor seinem Bilde niederzuknieen zwingt und die, welche die Wahrheit bezeugen, durch meineidige Richter zum Kerker verurteilen läßt! das Schwein, das sich in allen Lasterpfützen von Italien wälzte, den Wolf, der sich für seinen Baals-Hofstaat für immer jährlich fünf Millionen durch meineidige Landstände verwilligen läßt, und fragt dann: »Ist das eine Obrigkeit von Gott, zum Segen verordnet?«

Ha! du wärst Obrigkeit von Gott?
Gott spendet Segen aus;
Du raubst, du schindest, kerkerst ein,
Du nicht von Gott, Tyrann!

Ich sage euch: sein und seiner Mitfürsten Maß ist voll. Gott, der Deutschland um seiner Sünden willen geschlagen hat durch diese Fürsten, wird es wieder heilen. »Er wird die Hecken und Dörner niederreißen und auf einem Haufen verbrennen.« Jesaias 27,4. So wenig der Höcker noch wächset, womit Gott diesen König Ludwig gezeichnet hat, so wenig werden die Schandtaten dieser Fürsten noch wachsen können. Ihr Maß ist voll. Der Herr wird ihre Körper zerschmeißen, und in Deutschland wird dann Leben und Kraft als Segen der Freiheit wieder erblühen. Zu einem großen Leichenfelde haben die Fürsten die deutsche Erde gemacht, wie Ezechiel im 37. Kapitel beschreibt: »Der

Herr führte mich auf ein weites Feld, das voller Gebeine lag, und siehe, sie waren sehr verdorrt.« Aber wie lautet des Herrn Wort zu den verdorrten Gebeinen: »Siehe, ich will euch Adern geben und Fleisch lassen über euch wachsen, und euch mit Haut überziehen, und will euch Odem geben, daß ihr wieder lebendig werdet, und sollt erfahren, daß Ich der Herr bin.« Und des Herrn Wort wird auch an Deutschland sich wahrhaftig beweisen, wie der Prophet spricht: »Siehe, es rauschte und regte sich, und die Gebeine kamen wieder zusammen, ein jegliches zu seinem Gebein. – Da kam Odem in sie, und sie wurden wieder lebendig und richteten sich auf ihre Füße, und ihrer war ein sehr groß Heer.«

Wie der Prophet schreibet, also stand es bisher in Deutschland: eure Gebeine sind verdorrt, denn die Ordnung, in der ihr lebt, ist eitel Schinderei. Sechs Millionen bezahlt ihr im Großherzogtum einer Handvoll Leute, deren Willkür euer Leben und Eigentum überlassen ist, und die anderen in dem zerrissenen Deutschland gleich also. Ihr seid nichts, ihr habt nichts! Ihr seid rechtlos. Ihr müsset geben, was eure unersättlichen Presser fordern, und tragen, was sie euch aufbürden. *So weit ein Tyrann blicket – und Deutschland hat deren wohl dreißig –, verdorret Land und Volk. Aber wie der Prophet schreibet, so wird es bald stehen in Deutschland: der Tag der Auferstehung wird nicht säumen. In dem Leichenfelde wird sich's regen und wird rauschen, und der Neubelebten wird ein großes Heer sein.*

Hebt die Augen auf und zählt das Häuflein eurer Presser, die nur stark sind durch das Blut, das sie euch aussaugen, und durch eure Arme, die ihr ihnen willenlos leihet. Ihrer sind vielleicht 10 000 im Großherzogtum und eurer sind es 700 000, und also verhält sich die Zahl des Volkes zu seinen Pressern auch im übrigen Deutschland. Wohl drohen sie mit dem Rüstzeug und den Reisigen der Könige, aber ich sage euch: Wer das Schwert erhebt gegen das Volk, der wird durch das Schwert des Volkes umkommen. Deutschland ist jetzt ein Leichenfeld, bald wird es ein Paradies sein. Das deutsche Volk ist *ein* Leib, ihr seid ein Glied dieses Leibes. Es ist einerlei, wo die Scheinleiche zu zukken anfängt. Wann der Herr euch seine Zeichen gibt durch die Männer, durch welche er die Völker aus der Dienstbarkeit zur Freiheit führt, dann erhebet euch, und der ganze Leib wird mit euch aufstehen.

Ihr bücktet euch lange Jahre in den Dornäckern der Knechtschaft, dann schwitzt ihr einen Sommer im Weinberge der Freiheit und werdet frei sein bis ins tausendste Glied.

Ihr wühltet ein langes Leben die Erde auf, dann wühlt ihr euren Tyrannen ein Grab. Ihr bautet die Zwingburgen, dann stürzt ihr sie und bauet der Freiheit Haus. Dann könnt ihr eure Kinder frei taufen mit dem Wasser des Lebens. Und bis der Herr euch ruft durch seine Boten und Zeichen, wachet und rüstet euch im Geiste und betet ihr selbst und lehrt eure Kinder beten: »Herr, zerbrich den Stecken unserer Treiber und laß dein Reich zu uns kommen – das Reich der Gerechtigkeit. Amen.«

Nachwort

Einem Meteor gleich, jäh aufleuchtend und rasch verlö-
schend, durchfliegt Georg Büchner die kurze Spanne seines
irdischen Daseins; wenig mehr als dreiundzwanzig Lebens-
jahre sind ihm zugemessen gewesen: am 17. Oktober 1813
wurde er in Goddelau bei Darmstadt geboren, am 19. Februar 1837 ist er nach kurzer Krankheit in Zürich am
Typhus gestorben. Er war schon längst vom Schauplatz ab-
getreten, als Friedrich Hebbel und Richard Wagner, im
gleichen Jahre geboren, sich eben erst zu entfalten begann-
nen. Daß er so früh kommt, ein genialer Zukunftsblitz in
einer auf Restauration und Resignation gerichteten Zeit,
ist das Hervorstechendste an seiner Erscheinung. Es ist die
Zeit der Erben, Enkel und Epigonen, über die Goethes Al-
terswerk seinen mächtigen Schatten wirft, die Zeit der
Nachromantik und des Vormärz, die Zeit Metternichs und
der vierunddreißig deutschen Potentaten, die Zeit des Bie-
dermeier und des Jungen Deutschland.
Die Büchners sind eine alteingesessene hessische Familie, von
Beruf zumeist Bader und Chirurgen. Büchners Vater war
nach anfänglich militärärztlicher Laufbahn Amts-Chirur-
gus; 1816 wurde er als Medizinalrat ans Ministerium nach
Darmstadt versetzt. Die Verbindung von Militärarzt und
Beamter erinnert entfernt an Schillers Vater, aber in Büchners Elternhaus ist alles schon ins Bürgerlich-Akademische
gehoben. Georg ist das älteste von sechs Geschwistern, von
denen später auch die drei jüngsten, Louise, Ludwig und
Alexander, sich literarisch betätigen. Louise wird zu einer
Vorkämpferin der Frauenemanzipation und Reformerin
des weiblichen Unterrichtswesens, Alexander verbringt den
größten Teil seines Lebens in Frankreich als Dozent für Li-
teraturgeschichte, und vollends Ludwig wird durch seine

»empirisch-naturphilosophische« Schrift *Kraft und Stoff* (1855) zum Erfolgsautor und populären Modephilosophen des Materialismus. Sein Buch erschien in immer neuen Auflagen und wurde in fünfzehn Sprachen übersetzt, während von dem halbvergessenen Werk des genialen Bruders nur undeutliche Spuren im Gedächtnis der Zeit blieben. Zu Lebzeiten Georg Büchners war nur das Drama *Dantons Tod* erschienen; ein Nachlaßband, den Ludwig 1850 von den Schriften des Bruders herausgab, fand wenig Beachtung. Karl Emil Franzos hat das Verdienst, 1879 erstmals das schmale Gesamtwerk aus dem Nachlaß veröffentlicht und damit gerettet zu haben. Erst um die Jahrhundertwende haben wir einsehen gelernt, was wir mit Büchner verloren haben und was wir in seinem Werk besitzen.

Nach dem Besuch des Darmstädter Gymnasiums (1825 bis 1831) ging Georg Büchner zum Medizinstudium nach Straßburg. Der Arztberuf lag in der Familientradition, und Straßburg war das geistige Tor nach dem Westen. Wie der junge Goethe folgte auch der junge Büchner einem Wunsche des Vaters, als er nach Straßburg ging. Denn der Vater bewahrte in seinem Herzen eine alte Liebe für Frankreich, für den erfrischenden Luftzug, der von der Französischen Revolution, von der Proklamation der Menschenrechte, von den Siegeszügen Napoleons ausgegangen war. Inzwischen hat sich manches geändert, aber begierig und wachen Sinnes nimmt der Sohn die andersartige Atmosphäre in sich auf. In den Menschen, mit denen er umgeht, seinen Verwandten mütterlicherseits, und mit jungen Theologen und Medizinern, verbindet sich das Bekenntnis zu deutscher Art und Kunst mit dem Bekenntnis zum französischen Staat. Noch steht das ganze Land unter den Nachwirkungen der Juli-Revolution von 1830. Es weht eine freiere Luft hier als im engen deutschen Vaterland. Aber daß überhaupt etwas geschehen kann, daß freie Gedanken sich in Taten verwandeln lassen, statt scheu verborgen oder gewaltsam unterdrückt zu werden, das erweckt den scharfen Wirklichkeitssinn des

Jünglings und bleibt der unverlierbare Gewinn der Straßburger Zeit, die bis zum Sommer 1833 währt. Denn dann muß Büchner nach Gießen zurück, um an der Landesuniversität wegen der späteren staatlichen Anstellung die Examenssemester zu verbringen. Er läßt das Beste in Straßburg zurück: sein Herz und seine Braut Luise Wilhelmine (Minna) Jaegle, die Tochter des Pfarrers Joh. Jacob Jaegle, in dessen Hause »in einem etwas überzwergen Zimmer mit grüner Tapete« er als Pensionär gewohnt hatte.

Die Rückkehr in die heimischen hessischen Verhältnisse ist bitter und fast unerträglich, aber fast schlimmer noch als der politische Druck und die Unmündigkeit ist das Treiben der politischen Opposition: »Einige loyale Toaste, bis man sich Courage getrunken und dann das Polenlied, die Marseillaise gesungen und den in Friedberg Verhafteten ein Vivat gebracht! Die Leute gehen ins Feuer, wenn's von einer brennenden Punschbowle kommt!« So schreibt er kurz nach seiner Ankunft von Gießen nach Hause, und noch bitterer klingt es in den Briefen nach Straßburg: »Die politischen Verhältnisse könnten mich rasend machen. Das arme Volk schleppt geduldig den Karren, worauf die Fürsten und Liberalen ihre Affenkomödie spielen. Ich bete jeden Abend zum Hanf und zu den Laternen.«

Büchner gehört weder zu den Fürstendienern noch zu den Liberalen oder Jungdeutschen; in Gießen hält man ihn für hochmütig, so daß er sich in seinen Briefen nach Hause dagegen verteidigt: »Ich verachte niemanden, am wenigsten wegen seines Verstands oder seiner Bildung, weil es in niemands Gewalt liegt, kein Dummkopf oder kein Verbrecher zu werden ...«, aber in demselben Briefe heißt es dann weiter: »... es kann mir aber niemand wehren, alles, was existiert, bei seinem Namen zu nennen«.

Dieser durch keinerlei Rücksicht und Vorsicht zu bändigende Drang Büchners, »alles, was existiert, bei seinem Namen zu nennen«, führt ihn denn auch alsbald zum politischen Konflikt.

Von dem studentischen Leben der Gießener Burschenschaft
hielt sich Büchner fern, aber zusammen mit ein paar Freunden, August Becker, der rote August genannt, Clemm und
Minnigerode, gründete er nach dem Muster französischer
Verschwörerorganisationen, wie er sie in Straßburg kennen-
gelernt hatte, im März 1834 die »Gesellschaft der Menschenrechte«. Das war weder ein politischer Debattierklub
noch ein vaterländischer Verbrüderungsverein, sondern ein
früher Vorläufer dessen, was uns heute im zwanzigsten
Jahrhundert in der Landschaft des Verrats als politische
Untergrundbewegung zur geläufigen Vorstellung geworden
ist. Gewalt gegen Gewalt – war die Losung. Die liberalen
Grundsätze der bürgerlichen Gesellschaft interessieren Büchner nicht; man sollte nach seiner Meinung »die abgelebte
moderne Gesellschaft zum Teufel gehen lassen«. Es kommt
allein darauf an, das unterdrückte einfache Volk aus seiner
Lethargie und Dumpfheit aufzurütteln; es geht ihm nicht
um die Bürger, sondern um die große Masse des Volkes. Das
sind in Hessen die Bauern und die Handwerksburschen, die
Gesellen, denn eine Fabrikarbeiterschaft gab es damals in
Hessen noch nicht.

»Der materielle Druck, unter welchem ein großer Teil
Deutschlands liegt, ist ebenso traurig und schimpflich als
der geistige; und es ist in meinen Augen bei weitem nicht so
betrübend, daß dieser oder jener Liberale seine Gedanken
nicht drucken lassen darf, als daß viele tausend Familien
nicht imstande sind, ihre Kartoffel zu schmälzen.«

Trotz dieser radikal antibürgerlichen Gesinnung ist Büchner
bereit, mit den liberalen politischen Gruppen zusammen-
zuarbeiten. Kommt erst einmal die Lawine ins Rollen, die
Volksmasse in Bewegung, so wird sich alles weitere finden.
Durch seinen Freund Becker tritt er mit dem Rektor Friedrich Ludwig Weidig in Butzbach in Beziehung, einem glü-
henden deutschen Patrioten und unerschrockenen Vorkämp-

fer für eine deutsche Wahlmonarchie. So fern auch solche aus der romantischen Bewegung herstammenden Ideen und Ziele Büchners eigenen Vorstellungen waren, so verfaßte er doch für Weidig den *Hessischen Landboten.* Die Flugschrift wurde in Offenbach im Juni 1834 heimlich gedruckt und sollte durch Weidigs Anhänger unter der Landbevölkerung heimlich verbreitet werden. Der Ton dieser Flugschrift war so unerhört neu und scharf, daß er sogar Weidig selber den Atem verschlug und er einige mildernde Retuschen anbrachte; so setzte er z. B. überall »die Vornehmen« ein, wo Büchner »die Reichen« geschrieben hatte. In der Tat mag das achtseitige Blatt, das unmißverständlich die Devise der Französischen Revolution »Friede den Hütten! Krieg den Palästen!« an seiner Stirne trug, den einfachen und verängstigten Landleuten wie das höllische Feuer in der Hand gebrannt haben; eine Stichflamme glühender Leidenschaft und Empörung schlug daraus hervor, die mehr erschreckte als entzündete. Für Büchner war die ganze Aktion ein Fehlschlag im doppelten Sinne. Einmal erreicht sein Aufruf gerade die Schicht nicht innerlich, auf die es ihm ankam, die Armen, die große Masse des Volkes: »Für sie gibt es nur zwei Hebel: materielles Elend und religiöser Fanatismus. Jede Partei, welche diese Hebel anzusetzen versteht, wird siegen. Unsere Zeit braucht Eisen und Brot – und dann ein Kreuz oder sonstwas.«

Ein andermal schreibt er an Gutzkow: »Der Hunger allein kann die Freiheitsgöttin, und nur ein Moses, der uns die sieben ägyptischen Plagen auf den Hals schickte, könnte ein Messias werden. Mästen Sie die Bauern, und die Revolution bekommt die Apoplexie. Ein Huhn im Topfe eines jeden Bauern macht den gallischen Hahn verenden.«

Als er dies schrieb, 1835, war er schon in Straßburg; denn der andere Fehlschlag bestand in der frühzeitigen Aufdeckung der Verschwörung und der Beschlagnahme eines Teils der Flugschriften. Bereits im August 1834 war Freund Minnigerode verhaftet worden. Büchner eilte von Gießen nach Butzbach, um Weidig und seine Freunde zu warnen. Er besaß sogar die Verwegenheit, nach Gießen zurückzukehren und sich bei dem Universitätsrichter über die inzwischen erfolgte Durchsuchung seiner Wohnung zu beschweren, so daß man auch, durch die Sicherheit dieses Auftretens verblüfft, von seiner Verhaftung absah. Doch wurde ihm in Gießen alsbald der Boden zu heiß, und er zog sich zunächst ins Darmstädter Elternhaus zurück. Hier entstand im Januar und Februar 1835 das Drama *Dantons Tod,* geschrieben unter dem wachsenden Druck der drohenden Verhaftung, der er im März 1835 noch rechtzeitig durch die Flucht nach Straßburg entging. Im April wurde durch das umfassende Geständnis des verhafteten Gustav Clemm die gesamte Verschwörung aufgedeckt, im Juli gegen Büchner ein Steckbrief erlassen. Auch Weidig wurde verhaftet und nahm sich nach zweijähriger qualvoller Untersuchungshaft in seiner Zelle das Leben.

Der Traum der Revolution war ausgeträumt! Als Büchner zum zweitenmal nach Straßburg ging, hatte er seine Hoffnungen auf eine revolutionäre Umgestaltung der Verhältnisse begraben. Aber man muß sich darüber klar sein: Nicht die Verräter hatten ihn enttäuscht, für die hatte er Bedauern und Mitleid, sondern die Aussichtslosigkeit, vorerst die Masse aus ihrem dumpfen Schlummer aufzuwecken. Er selber zieht daraus die Konsequenz, sich in die große Kühle und Einsamkeit der Wissenschaft und Forschung zurückzuziehen.

Aber dem Dichter gelingt das nicht. Der Dichter in Büchner sucht durch das dichte undurchdringliche Gespinst der Masse, die so starr und unbeweglich und doch unberechenbar ist, zu dem Einzelnen vorzudringen, der ein Teil dieser Masse ist und daran leidet, der aber herausgelöst aus diesem dumpf animalischen Lebenszusammenhang, gleichsam ein verlorener Sohn der Menschheit, erst recht nicht leben kann. Die hoffnungslose Verlorenheit des einsamen Einzelnen und die hilflose Dumpfheit des heraufkommenden Massenmenschen hat Büchner in zwei großartigen Fragmenten im Jahre 1836 festgehalten, in der Erzählung *Lenz* und in dem nachgelassenen Dramenfragment *Woyzeck*.

Die Erzählung »Lenz«

Schon im Oktober 1835 schreibt Büchner aus Straßburg an seine Angehörigen: »Ich habe mir hier allerhand interessante Notizen über einen Freund Goethes, einen unglücklichen Poeten namens Lenz, verschafft, der sich gleichzeitig mit Goethe hier aufhielt und halb verrückt wurde. Ich denke, darüber einen Aufsatz in der *Deutschen Revue* erscheinen zu lassen.«

Jakob Michael Reinhold Lenz (1751–92), ein livländischer Pfarrerssohn, gehörte zu dem Kreise der Stürmer und Dränger, die sich 1771 um Herder und Goethe versammelten; er war als Hofmeister zweier Herren von Kleist nach Straßburg gekommen und schloß sich hier aufs engste an Goethe an. Durch Goethe angeregt, übersetzte er mehrere Komödien von Plautus, von seinen eigenen Arbeiten sind die bedeutendsten *Der Hofmeister* (1774) und *Die Soldaten* (1776), zwei dramatisierte Gesellschafts- und Sittenbilder der Zeit mit starkem sozialkritischem Einschlag. Eine Gestalt wie Lenz mußte schon dadurch dem Sozialrevolutionär Büchner reizvoll erscheinen, hinzu kam die Nähe des Milieus. Hier in Straßburg hatte Lenz den Höhepunkt seines Lebens erreicht. Die zarte, leicht irritierbare Natur des »unglücklichen Poeten« verfiel der Zerrüttung, als ihr der Halt der Goetheschen Freundschaft genommen wurde; sein Geist verwirrte sich in zunehmendem Maße. Als er später Goethe nach Weimar zu folgen versuchte, machte er sich dort durch sein Auftreten bald unmöglich. Nach einem unruhigen Wanderleben kehrte er schließlich nach Rußland zurück und fand in der Nähe von Moskau in Armut und Krankheit ein kümmerliches Ende.

61

Für Büchner ist die Gestalt des Dichters Lenz ein Vorwand, um kühl und nüchtern, kritisch und dichterisch zugleich, durch die tiefsten Schichten der eigenen Seele bis an die Grenzen des Wahnsinns vorzudringen, bis dorthin, wo der Mensch aufhört, sich selbst anzugehören. »Was ist das, was in uns lügt, mordet, stiehlt?« Immer ist es diese gleiche Frage, die Büchner bewegt hat, ob er sie nun ins Soziale oder ins Psychologische wendet. Sie läßt sich auch noch unendlich variieren: Was ist das, was in uns liebt, leidet und dichtet? Das ist etwa die Frage, wie sie das Lenz-Fragment stellt. Neu an Büchner ist nicht die Frage, sondern die Tatsache, daß er als Fragender seinen Blick gewendet hat und eine Antwort nicht mehr auf den Höhen, sondern in den Tiefen der Menschheit sucht, bei ihren verlorenen Söhnen.

Welchen Weg er selber noch genommen hätte, bleibt unausdenkbar. In Straßburg widmete er sich mit der stürmischen Energie, die ihm in allen Dingen eigen war, dem Studium der Anatomie und Philosophie. Nach seiner Doktorpromotion im September 1836 in Zürich wurde er im Wintersemester 1836/37 als Privatdozent für Naturgeschichte in die Philosophische Fakultät aufgenommen.

Sein früher Tod bereitete allen Plänen, Hoffnungen und Wünschen ein vorzeitiges Ende.

Martin Greiner

Georg Büchner

IN RECLAMS UNIVERSAL-BIBLIOTHEK

Dantons Tod. Ein Drama. 6060 – dazu *Erläuterungen und Dokumente*. Herausgegeben von Josef Jansen. 8104

Lenz – Der Hessische Landbote. Mit einem Nachwort von Martin Greiner. 7955

Lenz. Studienausgabe. Im Anhang: Johann Friedrich Oberlins Bericht »Herr L . . . . . .« in der Druckfassung »Der Dichter Lenz, im Steintale« durch August Stöber und Auszüge aus Goethes »Dichtung und Wahrheit« über J. M. R. Lenz. Herausgegeben von Hubert Gersch. 8210 – dazu *Erläuterungen und Dokumente*. Herausgegeben von Gerhard Schaub. 8180 [2]

Woyzeck – Leonce und Lena. Herausgegeben und mit einem Nachwort versehen von Otto C. A. zur Nedden. 7733

Woyzeck. Kritische Lese- und Arbeitsausgabe. Herausgegeben von Lothar Bornscheuer. 9347 – dazu *Erläuterungen und Dokumente*. Herausgegeben von Lothar Bornscheuer. 8117

Philipp Reclam jun. Stuttgart